SVLTO

Berlin war die Sehnsuchtsstadt des Prager Autors und Juristen Franz Kafka. Wie viele andere Künstler und Intellektuelle seiner Zeit war er fasziniert von der Rastlosigkeit, dem technischen Fortschritt, der Modernität. Berlin war ihr ›Schaufenster‹, war Kunst-, Theater- und Filmmetropole, war Fluchtpunkt für Menschen aus Osteuropa, war ein Industrie- und Handelszentrum von heute kaum noch vorstellbarer Strahlkraft. Hans-Gerd Koch folgt den von Kafka in Briefen und Tagebüchern gelegten Spuren und begleitet ihn in das legendäre Berlin des frühen 20. Jahrhunderts.

Hans-Gerd Koch
KAFKA IN BERLIN

Verlag Klaus Wagenbach   Berlin

Hans-Gerd Koch
Kafka in Berlin

Inhalt

Prolog 9
Wie alles begann 12
Nach Berlin des Vergnügens wegen 14
Nach Berlin des Theaters wegen 26
Ohnmächtig vor Begeisterung 32
Das erträumte Berlin 37
Die Berlinerin 40
Grunewald und Kleists Grab 47
Der Präsentierteller Berlins 50
Ferner Osten – reicher Westen 53
Metaphern der Moderne 57
Von Parlographen, Grammophonen und Adressiermaschinen 62
Das rastlose Berlin 69
Der Anhalter Bahnhof 73
Berlin-Pläne 76
Verlobt – Entlobt 81
Kafka kam nur bis Bodenbach 90
Das Jüdische Volksheim 99

Ausgeträumt 106
Und Berlin? 108
Eine ferne Erinnerung 110
Ferien an der Badewanne Berlins 114
Endlich ein Berliner 119
Die Hochschule für die Wissenschaft des Judentums 129
Berlin tut nicht gut 131
Epilog 135

Prolog

Berlin im allgemeinen ist direkt furchtbar. Trotz der Annehmlichkeit, welche das ungestörte, selbständige Leben bietet, wäre ich lieber in Prag. Der Berliner ist im allgemeinen ein Ekel, im besonderen zwei Ekel, die Berlinerin ein ganzes Konglomerat von Ekeln. Und der Byzantinismus hier – die Karikaturen der Witzblätter sind noch Lobeshymnen dagegen. Der Kaiser in allen Auslagen, in allen Gemälden, und dabei sieht man erst in der Nähe, wie er die Stadt ruiniert. Über die Siegesallee ist viel, vielleicht für manchen zuviel gespottet worden, aber vor dem Brandenburger Tor z.B. steht das Denkmal Kaiser Friedrichs und seiner Gemahlin, das mir, auf Ehrenwort, direkten Brechreiz verursacht; wenn man Dir in eine Hand einen Patzen Ton gäbe und auf den Tisch einen Doppelliter und Dir befehlen würde, »mache aus dem Ton ein Denkmal Friedrichs oder Du steigst ex«, ich bin überzeugt, Du würdest noch ein Bildwerk liefern, das Dich zum Berliner Hofbildhauer befähigte.

Zum Hofbildhauer fühlte Paul Kisch sich nicht berufen und seiner deutsch-nationalen Gesinnung hat die harsche erste Beschreibung, die ihm sein Bruder Egon Erwin im November 1905 aus Berlin lieferte, keinen Abbruch getan. Franz Kafka, der mit Paul Kisch die Schulbank gedrückt hatte und kurzzeitig mit ihm in München – ungeachtet der bescheidenen Note im Fach Deutsch, die sein Reifezeugnis aufwies – Germanistik studieren wollte, könnte der Spott des später als rasender Reporter berühmt gewordenen jüngeren Bruders zu Ohren gekommen sein. Egon Erwin Kisch besuchte für etwa ein halbes Jahr eine

Journalistenschule in Berlin und kehrte anschließend nach Prag zurück. Was er dann zu erzählen hatte, klang aber sicherlich aufregender als die negative Schilderung der ersten Eindrücke.

Kafkas Bild von Berlin wurde von den Berichten der Freunde geprägt, die dort gewesen waren, von Berlinern, die als Besucher nach Prag kamen, Künstlern, die in Prag gastierten und die er über seinen Freund Max Brod kennenlernte, der durch seine Verbindung mit dem Verlag Axel Juncker, mit literarischen Zeitschriften und mit Autoren bereits Kontakte in die deutsche Hauptstadt geknüpft hatte, und – nicht zuletzt – durch seine ausgiebige Zeitungs- und Zeitschriftenlektüre. Die Naturbegeisterung der 1896 in Steglitz gegründeten Wandervogelbewegung war ihm ebensowenig fremd wie die Bewegung der Lebensreformer, die von Berlin aus um die Jahrhundertwende die Einheit von Natur und Körper propagierten. Sie sprachen sich gegen Alkohol und Nikotin aus, für die Befreiung von Schnürleib und Korsett, für Reformkleidung, ja für Luftbäder des unbekleideten Körpers in der freien Natur. Und natürlich für eine vegetarische Lebensweise. Kafka, der nach den Gymnastikregeln des dänischen Lebensreformers Jørgen Peter Müller jeden morgen unbekleidet am offenen Fenster ›müllerte‹, sich vegetarisch ernährte – in Berlin gab es bereits 1902 über 150 vegetarische Verpflegungseinrichtungen! –, sich für die Siedlungsbewegung ebenso interessierte wie für alternative Medizin, müssen dies alles Verlockungen gewesen sein, die ihm die deutsche Hauptstadt attraktiv machten. Seine Neugier war jedenfalls längst geweckt, bevor er selbst das erste Mal nach Berlin reiste.

Zuvor besuchte er aber Paris, das im Ansehen der Prager Bildungsbürger mit Berlin konkurrierte. Es gab zwei Richtungen, die sich weitgehend mit den beiden Sprachgruppen deckten: Wer aus einem tschechisch geprägten Milieu kam, schwärmte für Paris, wer sich zur deutschsprachigen Volksgruppe zählte, den zog es eher nach Berlin. Wer es mit der nationalen Zugehörigkeit nicht so streng hielt, dem galten beide Städte gleich viel. Wien, die Hauptstadt der Habsburger Monarchie, streiften die gebürtigen Böhmen beider Sprachen dagegen eher mit einem spöttischen Seitenblick. Für Kafka war es ein »absterbendes Riesendorf«, und auch der drei Jahre jüngere Niederösterreicher Oskar Kokoschka nennt Wien in seinen Erinnerungen einen Ort, an dem man vergessen hatte, »was Leben heißt«. Wie anders waren da Paris und Berlin, zwei Metropolen, die sich an Lebendigkeit und Modernität in nichts nachstanden.

Allerdings stand Kafkas erster Aufenthalt in Paris unter keinem guten Stern; für Berlin, wohin er schon bald darauf reisen sollte, waren also die besten Voraussetzungen gegeben, ihn von Beginn an für sich einzunehmen.

Wie alles begann

Im Sommer 1910 planen die Freunde Max Brod und Franz Kafka eine gemeinsame Reise nach Paris. Sie bereiten sich akribisch vor, frischen ihre Französischkenntnisse durch gemeinsame Lektüren und private Unterrichtsstunden auf. Am 8. Oktober brechen sie auf, begleitet von Brods Bruder Otto. In Paris zieht es sie in die großen Museen und ins Theater, aber auch in die Vaudevilles und ins Nachtleben. Kafka, der bereits mit einem lädierten Bein losgereist war, zeigt sich dem strapaziösen Junggesellenprogramm nicht gewachsen. Ihn ereilt eine Furunkulose, und er muß vorzeitig am 17. Oktober allein nach Prag zurückkehren. Neben einem ersten Eindruck von Paris und Erfahrungen mit französischen Ärzten bleiben Kafka nach erfolgreicher Heilung aller Blessuren die nicht genutzten Urlaubstage. Allein die verpaßten Tage in Paris nachzuholen kommt – wohl auch wegen der langen Reise – nicht in Frage, eine andere Metropole liegt viel näher.

Am 3. Dezember 1910 fährt Kafka mit dem Schnellzug von Prag nach Berlin – damals wie heute eine etwa sechsstündige Bahnreise – und stürzt sich dort offenbar sofort ins Großstadtleben. Die Erinnerung an Paris schwingt noch mit, als er seinem Freund Max in atemlos-spöttischem Ton den ersten Bericht schickt und gleich mit dem wesentlichen Unterschied beginnt:

[...] in Paris wird man betrogen, hier betrügt man, ich komme aus einer Art Lachen nicht heraus. Fast aus dem Koupe bin ich Samstag in die Kammerspiele gefahren, man bekommt Lust Karten im Vorrat zu kaufen. Heute geh ich zu Anatol. Aber nichts ist so gut wie das Essen hier im vegetarischen Restaurant. Die Lokalität ist ein wenig trübe, man ißt Grünkohl mit Spiegeleiern (die teuerste Speise) nicht in großer Architektur, aber die Zufriedenheit, die man hier hat. Ich horche nur in mich hinein, vorläufig ist mir freilich noch sehr schlecht, aber wie wird es morgen sein? Es ist hier so vegetarisch, daß sogar das Trinkgeld verboten ist. Statt Semmeln gibt es nur Simonsbrot. Eben bringt man mir Griesspeise mit Himbeersaft, ich beabsichtige aber noch Kopfsalat mit Sahne dazu wird ein Stachelbeerwein schmecken und ein Erdbeerblättertee wird alles beenden. Adieu *(4. Dezember 1910)*

Was der Reise an konkreter Planung vorausging, ob und mit wem er sich verabredet und getroffen hat, darüber erfahren wir nichts von ihm. Der junge Herr Kafka läßt es sich aber offenbar gutgehen in Berlin. Er zeigt sich als leidenschaftlicher Theatergänger, und die zahlreichen vegetarischen Restaurants der Reichshauptstadt scheinen den ihm bekannten Prager Pendants bei weitem überlegen.

Nach Berlin des Vergnügens wegen

Das wilhelminische Berlin galt als Ort sensationeller Vergnügungen. Wer es sich leisten konnte und auf der Höhe der Zeit sein wollte, kam für ein paar Tage aus der Provinz, ging in die angesagten Revuen, Varietés, Operetten und kehrte mit neuen Schlagern im Kopf und auf den Lippen in seinen Alltag zurück. Das Vergnügungszentrum jener Tage war das Viertel rund um die Friedrichstraße, deren Glanzpunkte das Wintergarten-Theater in der Dorotheenstraße und das Metropol-Theater in der Behrenstraße waren. Zu den frühesten Kindheitserinnerungen des Filmkritikers und -autors Willy Haas, Sohn eines wohlhabenden Prager Rechtsanwalts, acht Jahre jünger als Kafka und gut mit ihm bekannt, gehörten Chansons mit so seltsamen Textzeilen wie »Linger – langer – loo...« und »Ich bin die Josefine von der Heilsarmee«, die seine Mutter bei Kerzenschein am heimischen Piano sang:

Ich wußte als Knabe genau, woher meine Eltern diese zwei verdächtigen Schlager kannten: aus dem Berliner Varieté »Wintergarten«. Der erste ist der weitaus wichtigere. Es ist der Song der »Five Sisters Barrison«, die damals Sensation machten: die früheste Girltruppe überhaupt. Hofmannsthal hat einen seiner längsten und entzückendsten Jugendessays über sie geschrieben [...]. Ich habe die »Five Sisters Barrison« nie gesehen – ich und meine kleine Schwester lagen längst im Bett, während meine unternehmungslustigen Eltern um die Ecke im »Wintergarten« den nächtlichen Genüssen nachgingen. Wir stiegen in einem Hotel nächst

Die ›Five Sisters Barrison‹ bei einem Auftritt im Wintergarten.

den »Linden« ab, einem kleinen, aber durchaus standesgemäßen Hotel [...]. Ich werde diese einsamen Knabennächte in der Friedrichstadt niemals vergessen. Die ganze Nacht hindurch ratterte unten der Verkehr, die Droschken, Stadtbahnzüge, Pferdeomnibusse; man hörte das laute Gespräch der Angeheiterten und die Schreie der Mädchen drüben in der Friedrichstraße. [...] In den Wintergarten, zu den »Five Sisters Barrison«, durfte ich also nicht gehen. Aber wenige Jahre später nahm man mich schon zu den Revuen in das benachbarte Metropol-Theater mit. Ich sah den unbeschreiblich smarten, dürren, drahtigen, wohlgekleideten Giampetro in der *Reise um die Welt in dreißig Tagen* [...]. Wenn ich nicht irre, so landete schon damals ein Modell der frühesten Aeroplane mitten auf der Bühne des Metropol-Theaters. Es war ein fabelhafter Trick. Dort sah ich [...] das Genie der rassigen Eleganz, der hinreißenden Verve: Fritzi Massary, deren Aufstieg zum Weltruhm ich dann durch drei Jahrzehnte verfolgen konnte.

Von Prager Freunden und Bekannten offenbar gut eingestimmt, mochte auch Franz Kafka sich der leichten Muse nicht versagen. Junge Damen in Babykleidung – die Kombination von kindlicher Unschuld mit laszivem Augenaufschlag war das Erfolgsgeheimnis der Five Sisters Barrison, das auf Jahrzehnte hinaus in Bühnenshows und Spielfilmen kopiert wurde – reizten den mit drei jüngeren Schwestern

Aufgewachsenen offenbar wenig. Hingegen waren die sensationelle Fritzi Massary und das Metropol-Theater ein absolutes ›Muß‹ für jeden Berlinreisenden. Berlins vornehmstes Vergnügungs-Etablissement, in der Behrenstraße 57, im Amüsierzentrum des wilhelminischen Berlin gelegen, stand an historischer Stelle – schon seit 1764 wurde hier Theater gespielt, hier hatten die Uraufführungen von Goethes *Götz von Berlichingen* und Lessings *Nathan der Weise* stattgefunden. In einem 1892 errichteten Theatergebäude im Jahr 1898 eröffnet, errang das Metropol schnell einen internationalen Ruf als Operetten- und Revuetheater, wurde Treffpunkt der mondänen Welt. Die Premieren der großen Jahresrevuen im September waren *talk of the town*, wer zur besseren Gesellschaft gehören wollte, mußte dabeigewesen sein – und war bereit, dafür exorbitante Preise zu zahlen. Die Besucher aus dem In- und Ausland kamen dagegen zu normalen Preisen in den Genuß der Repertoireaufführungen: Kafka sah hier *Hurra!!! Wir leben noch!*, die Revue des Jahres 1910 mit dem großen Star des Metropol, Fritzi Massary.

Anders als das Berliner Publikum war Kafka nicht begeistert. Als ihm seine gerade mühsam eroberte Briefpartnerin Felice Bauer von ihren Theaterbesuchen berichtet, lobt er ihre Auswahl – mit Ausnahme des Metropol-Theaters, denn dort habe er gesessen »mit einem Gähnen [...] größer als die Bühnenöffnung«. Wir wissen nicht, wie Felice Bauer diesen Tadel aus der Provinz aufgenommen hat. Immerhin hatte sie bei der ersten Begegnung begeistert von Jean Gilberts Posse *Das Autoliebchen* erzählt, dem großen Publikumserfolg des Jahres 1912 im Thalia-Theater in der Dresdener Straße, und sicherlich hatte die tanzfreudige Berlinerin das Couplet *Fräulein könn'n Sie links'rum tanzen?* erwähnt, das schnell zum Gassenhauer wurde.

Das Auto, die skandalträchtigen neuen Gesellschaftstänze – alles, was als ›modern‹ gilt, hält um

Werbepostkarte aus dem Jahre 1910.

diese Zeit in Revuen und in die aus einer ganz anderen Zeit kommende Operette Einzug. Die Begeisterung für den technischen Fortschritt und die Möglichkeiten, die er eröffnet, beflügelt die Phantasie der Librettisten und Komponisten. Flugzeuge landen – wie von Willy Haas beschrieben – auf der Bühne und werden in Schlagern wie *Flieg, du kleine Rumpler-Taube, flieg in meine Wolkenlaube* besungen, einem Duett aus Jean Gilberts Posse *Puppchen*, die im Dezember 1912 im Berliner Thalia Theater Premiere hatte. Reisen ist 1913 das Thema in Gilberts *Die Reise um die Erde in 40 Tagen*, der Film 1913 in Walter Kollos Posse *Filmzauber* und in Gilberts Operette *Die Kino-Königin*. Das Telefon und die gesamte Kommunikation, die sich rasant entwickelnde Unterhaltungsindustrie, die schnelle Fortbewegung, die Berufe junger Frauen, das rege Geschäftsleben, das schwindelerregende Tempo in dieser Metropole der Moderne – alles, was die Attraktivität Berlins ausmacht, spiegelt sich auf der Bühne und im Film. Bei seinen wenigen Besuchen wird Kafka Zeuge dieses berauschenden Großstadtlebens, ausführliche Berichte liefert er allerdings nicht. Und doch eröffnen sich Einblicke in eine versunkene Welt, wenn man zwischen den Zeilen liest oder dem Hintergrund von Äußerungen in seiner Korrespondenz mit Felice Bauer nachgeht, zum Beispiel wenn der nach eigenem Bekunden unbegabte Tänzer staunend und eifersüchtig auf Berichte von Tanzvergnügen reagiert:

Ach, wie Du Dich unterhältst, ich seh Dich mit dem Prokuristen Salomon tanzen, dann mit dem dichtenden Herrn, dann mit allen 6 Herren, die gestern Deinen Tisch umgaben, als Du mir schriebst. Zum Jubiläum der *Firma* sind vielleicht auch die 2 Kopenhagener Vertreter gekommen, wenn das auch nicht sehr wahrscheinlich ist, und tanzen auch. Mir wird ganz schwindlig von Euerem vielen Tanzen. Und alle tanzen zweifellos besser wie ich. Du, wenn Du mich tanzen sehen würdest! Du würdest die Arme zum Himmel heben! Aber mögt Ihr tanzen, ich gehe schlafen

Werbepostkarte zur Posse ›Das Autoliebchen‹ aus dem Jahr 1912.

und ziehe allen zum Trotz mit der Macht der Träume – wenn es Gott so gefällig ist – aus dem ganzen Tanzgewühl Dich, Liebste, still zu mir herüber. *(30. November/1. Dezember 1912)*

Mit dem Aufkommen der Modetänze hatte sich längst die Kultur des Gesellschaftstanzes gewandelt. Tanzen ist nun eines der gepflegten Freizeitvergnügen des wachsenden Mittelstands. Es ermöglichte in einer Zeit des von gesellschaftlichen Schranken und Normen, vom Diktat der Schicklichkeit bestimmten Umgangs den ungezwungenen Körperkontakt von Frauen und Männern im öffentlichen Raum. Plötzlich konnte man in Cafés tanzen, Tanzlokale wie das *Palais de danse* entstanden, das in Jean Gilberts Operette *Die keusche Susanne* als zwielichtiger Schauplatz eine Rolle spielt. Den Wandel macht Kurt Tucholsky am Beispiel der Berliner Kokotten in seinem Essay *Drei Generationen* deutlich:

Die erste und älteste – wir sprechen von den berliner Kokotten – gibt es beinahe schon gar nicht mehr. Sie hatte schon unter unserm Kaiser Wilhelm alt, fett und redlich gedient, die Korsagen platzten, dem Jüngling grauset's – und man mußte schon aus Wollenhagen an der Persante kommen, um an diesen Massen ungeheurer Weiblichkeit – das Pfund achtzig Pfennige – Gefallen zu finden. Sie saßen, diluviale Anschwemmungen, in Lokalen, die meist innigaltdeutsch aufgemacht waren, mit Sinnsprüchen an den Wänden und vergoldeten Trompetern von Säckingen, die blusen: Behüt dich Gott … Die richtige Musik spielte Wagnern und Militärmärsche, sie aber sahen wie leicht entartete Schlächterfrauen aus. »Mit was kommste denn riba, Do –?« Es waren die Stützen von Thron und Altar. Aber keine schönen. Ein Öldruck.

Die zweite Generation stammt noch aus der Zeit der großen landwirtschaftlichen Wochen, da sich der durch frisches Wetter und alten Rotwein gerötete olle ehrliche Landmann von Stallgeruch, Frau und Hypotheken in Berlin erholte, in dieser Stadt, die er zugleich haßte, verachtete und bewunderte. Das war die Zeit, wo die Leute gemütlicher waren als heute, weil ihnen noch die Goldstücke

Das Metropol-Theater in der Behrenstraße.

in der Hosentasche klimperten (man wußte doch wo und wie – es war ein so beruhigendes Gefühl!): es war die Zeit des Metropol-Theaters und der Hofbälle. Diese Damenjahrgänge sind schon bedeutend raffinierter als die ersten, sie wissen viel gescheiter mit Schminke, Spitzenwäsche, Kavalieren und Beziehungen umzugehen. Die andern waren noch erster Güte gefahren – sie fuhren Auto. Ihre Lokale trugen sich in einem Sekt-Rokoko, das zwischen allen Louis und einem lieblichen Barock umhertaumelte, und ihr Lebensideal sah aus wie der zweite Aktschluß im Metropol-Theater. Ihre Eleganz war ebenso unwahrscheinlich wie ihre Lokalitäten, sie waren so ungeheuer berlinisch, daß der Ausländer zunächst nur lachen konnte. Weil sie aber zugleich ausgekocht waren, sah ihnen der müde Wanderer die mangelnden Qualitäten auf kulturellem Gebiet gern nach. In diese Zeit fällt die Gründung des Palais. (Der Kenner läßt sich heute noch lieber die Zunge abbeißen, als daß er Palais de danse sagt. Es gibt eben nur eins: das Palais.) Zu dieser Zeit der zweiten Generation erbrauste in Berlin eine laute Lustigkeit, die damals hetzend-amerikanisch wirkte und uns heute leicht biedermeierisch und fast gemütlich vorkommt. »Herrgott, müssen die Leute damals harmlos gewesen sein!« Waren sie gar nicht. Es waren geschäftemachende, profitjagende Untertanen. 1914 zerplatzte das alles.

Es ist aber eben nicht nur die ›professionelle Weiblichkeit‹, für die sich etwas ändert. Die Grenzen zwischen ›verrucht‹ und ›schicklich‹ verschwimmen, und die wachsende Schar berufstätiger junger Frauen dringt in einen Raum öffentlichen Vergnügens vor, der ihnen nur wenige Jahre zuvor noch verschlossen war. Man veranstaltet Tanztees, Tanzlehrer unterrichten die neuesten Tänze, die meist auch neue Moden mit sich brachten: der Tango das Tangokleid und die Tangofrisur. In Prag war der Tango 1913 noch verboten, in Berlin untersagte der Kaiser seinen Soldaten per Dekret das Tanzen dieses die Moral zersetzenden Tanzes. Trotzdem fanden Tangotees und Tangobälle statt, und Felice Bauer nahm daran teil. »Und wie ist dieser Tangotanz, den Du tanztest? Heißt er überhaupt so? Ist es etwas Mexikanisches? Warum gibt es von jenem Tanz kein Bild?« fragt der ahnungslose Kafka im Januar 1913 seine Berliner Freundin. Wer weiß, wie sehr die Begründung seine Phantasie beflügelt hätte, mit der ein Jahr später die Königlich Bayerische Polizeidirektion in München den Tango verbot: »Diese Tänze verletzen das Sittlichkeitsgefühl, weil die Tänzerin dabei häufig die Beine seitwärts abspreizt, sodaß man die Unterkleider und die Strümpfe sieht.«
Felice Bauer tanzte weiter Tango und andere Modetänze, und der leise Tadel des verliebten Kritikers aus der Provinz wird sie kaum davon abgehalten haben, weiterhin mit Vergnügen ins Metropol-Theater zu gehen. So streng hielt Kafka selbst es schließlich auch nicht, und vielleicht war es sogar

Das Siegerpaar des Tango-Turniers im Admirals-Palast 1913.

Werbepostkarte aus dem Jahr 1913.

ein begeisterter Bericht seiner Freundin, der ihn bei seinem nächsten Besuch in Berlin dazu bewegte, am Ostersonntag 1913 ins Metropol-Theater zu gehen, wo es den neuen Kassenschlager, die Operette *Die Kino-Königin* von Jean Gilbert gab. Eine Porträtkarte der Hauptdarstellerin Ida Rußka als Delia Gill schickte er am nächsten Tag seiner Schwester Ottla.

Die Erfolgsgeschichte des alten Metropol-Theaters endete im März 1945, als es durch Bomben weitgehend zerstört wurde. Nur der Zuschauerraum überstand den Angriff nahezu unbeschädigt und wurde 1946 in den Neuaufbau wieder einbezogen. Man kann heute bei einem Besuch der Komischen Oper darin Platz nehmen.

Nach Berlin des Theaters wegen

Den Besuch des Metropol-Theaters scheint der junge Tourist aus Prag eher als Pflichtübung absolviert zu haben. Immerhin bot ihm Berlin 1910 fast dreißig weitere Theater zur Auswahl: Opern- und Operettentheater, Revuetheater, Konzert- und Vortragshallen – und die großen Sprechbühnen, denen sein eigentliches Interesse galt. Mit ihrer Mischung aus Avantgarde, klassischen und volkstümlichen Stoffen machten sie einen Großteil der kulturellen Attraktivität der Stadt aus, an ihren Spielplänen orientierten sich die deutschsprachigen Bühnen bis in die hinterste Provinz. Tonangebend waren das 1883 eröffnete Deutsche Theater und das fünf Jahre später eröffnete Lessingtheater. Produktionen beider Häuser waren regelmäßig auch in Kafkas Heimatstadt Prag zu sehen, ihre Protagonisten, allen voran die Regisseure Otto Brahm und Max Reinhardt, wurden auch dort umjubelt – ihre Art zu inszenieren galt als Ausdruck des Modernen, als Aufbruch aus erstarrten Darstellungsformen.

In Berlin war in den Gründerjahren nach dem deutsch-französischen Krieg parallel zum wirtschaftlichen Boom ein enormes Interesse an kulturellen Veranstaltungen und Einrichtungen entstanden. Waren es zunächst unterhaltende Stücke, mit der die Vergnügungssucht eines zu Wohlstand gelangten, aufstrebenden Bürgertums befriedigt wurde, traten in den 1880er Jahren anspruchsvolle Schauspiele in den Vordergrund, die dem Niveau eines Bildungsbürgertums angemessen erschienen. Adolph L'Arronge, seines Zeichens Theaterkritiker und Autor kassenfüllender Rührstücke, kaufte 1881 das Friedrich-Wilhelmstädtische Theater an der Schumannstraße, baute das gut dreißig Jahre alte Gebäude um und eröffnete es zwei Jahre später unter dem Namen Deutsches Theater. Mit großem Erfolg präsentierte die neue Bühne unter L'Arronges Leitung ein aus volkstümlichen Stoffen und klassischen Dramen gemischtes Programm. Ein anderer Autor der leichten Muse, Oscar Blumenthal, unter anderem Mitverfasser des Lustspiels *Im weißen Rößl*, nutzte ebenfalls den – durchaus auch mit wirtschaftlichen Interessen verbundenen – Boom und eröffnete nach einjähriger Bauzeit 1888 an der Ecke Friedrich-Karl-Ufer (heute: Kapelleufer) und Unterbaumstraße das Lessingtheater, ein zwei Stockwerke hohes, neoklassizistisches Gebäude. Zwar mit *Nathan der Weise* ihres Namensgebers eröffnet, widmete sich diese zweite neue Sprechbühne vorrangig zeitgenössischen Autoren. Selbst in einer Aufbruchstimmung entstanden, sollten beide Häuser in den folgenden Jahren zum Ausgangsort für Berlins Aufstieg zur bedeutendsten Theaterstadt im deutschsprachigen Raum werden. Dazu beigetragen hat eine weitere mit dem Naturalismus verbundene Initiative.

Im Jahr 1889 gründete der Theaterkritiker Otto Brahm mit neun Gleichgesinnten – darunter Maximilian Harden, Theodor Wolff und der Verleger Samuel Fischer – den Verein Freie Bühne, der sich die Pflege des sozialkritischen zeitgenössischen Dramas unter Umgehung der Zensur zum Ziel setzte. Als Freie Volksbühne wollte er ärmeren Gesellschaftsschichten, vor allem der Arbeiterschaft, ein anspruchsvolles Theaterprogramm bieten. Bereits die erste vom Verein initiierte Inszenierung, eine Aufführung des Dramas *Gespenster* des bis dahin in Deutschland verbotenen Henrik Ibsen im Lessingtheater, geriet zum

Skandal. Weitere Wegmarken waren die Uraufführung von Gerhart Hauptmanns *Vor Sonnenaufgang* wenige Wochen später, *Das vierte Gebot* von Ludwig Anzengruber im darauffolgenden Jahr und 1893 schließlich die Uraufführung von Hauptmanns *Die Weber*. Im Jahr 1895 wurden die sogenannten geschlossenen Veranstaltungen des Vereins verboten. Inzwischen hatten Brahm und Fischer aber nicht nur ein Sprachrohr des Naturalismus, die Wochenschrift *Freie Bühne für modernes Leben* gegründet, die spätere *Neue Rundschau*, zu deren Abonnenten Kafka als Student zählte, sondern Brahm war von L'Arronge 1894 auch die Leitung des Deutschen Theaters übertragen worden. Mit der ersten öffentlichen Aufführung der *Weber* am 25. September setzte eine Erfolgsserie zeitgenössischer Dramen ein, Brahm wurde als Begründer des Bühnenrealismus gefeiert und das Deutsche Theater lief der Wiener ›Burg‹ als führende deutschsprachige Bühne bald den Rang ab. »Gegenwärtig machen die Weber bei uns noch immer ungeheures Aufsehen und täglich ausverkaufte Häuser. Das war ein sensationeller Erfolg. So stürmisch und demonstrativ, wie ich ihn noch nie in einem Theater erlebt habe. Und das will bei der kühlen, schnoddrigen und witzelnden Natur der Berliner sehr viel sagen«, schreibt ein junger Schauspieler, den Brahm aus dessen erstem Engagement von Salzburg nach Berlin in sein Ensemble geholt hat: Max Reinhardt.

»Berlin ist eine wahrhaft herrliche Stadt – Wien mehr als 10mal multipliziert. Echt weltstädtisches Gepräge, immenser Verkehr durchgehends der Zug ins Großartige und dabei praktisch und gediegen«, schreibt Reinhardt bald nach seiner Ankunft an einen Freund. Seine Begeisterung war anhaltend. Zunächst gehörte er über acht Jahre zu Brahms Ensemble, wirkte in Schauspielen von Ibsen und Hauptmann mit, die zu Säulen des Repertoires wurden, trat aber auch in klassischen Rollen auf. Allerdings nutzte sich das Neuartige des Brahmschen

Das Lessingtheater am Friedrich-Karl-Ufer um 1910.

realistischen Regietheaters bald ebenso ab wie die skandalträchtige Sensation, das Elend der unteren Schichten auf die Bühne zu bringen. Reinhardt distanzierte sich zunehmend vom naturalistischen Theater, verließ das Ensemble 1902 und gründete mit Gleichgesinnten eine Kleinkunstbühne. Im Gebäude Unter den Linden 44, Ecke Friedrichstraße, wurden von dem Architekten Peter Behrens ehemalige Festsäle zum Kleinen Theater umgebaut. Hier kamen Gorki, Schnitzler, Salten, Strindberg, Wedekind, Wilde und Hofmannsthal zur Aufführung, es entstand ein neuer Schauspielstil, Reinhardt wurde zum experimentierfreudigen Neuerer von Regie und Inszenierungsmitteln. Ihm gelang es, Kritik und Publikum für die Stücke einer neuen Autorengeneration einzunehmen, gleichzeitig begeisterten seine Klassiker-Inszenierungen. Seine sensationellen Erfolge führten dazu, daß Reinhardt im Frühjahr 1903 zusätzlich die Direktion des Neuen Theaters am Schiffbauerdamm (dem heutigen Berliner Ensemble) und schließlich im Sommer 1905, nach dem Auslaufen von Otto Brahms Vertrag, die Leitung des Deut-

Das Deutsche Theater nach Reinhardts Umgestaltung.

schen Theaters übernahm. Reinhardt ließ es gründlich umbauen, Foyer und Zuschauerraum wurden modernisiert, Bühnenhaus und Orchesterraum erweitert, eine Drehbühne mit 18 Metern Durchmesser und eine das Prinzip des Rundhorizonts aufnehmende, nach oben offene Himmelskuppel eingebaut. L'Arronge gingen die Veränderungen an seinem Theater viel zu weit; Reinhardt kaufte es samt der umliegenden Grundstücke Schumannstraße 12, 13a, 14 und 16. Das Casino in der Schumannstraße 13a ließ er zu den Kammerspielen umgestalten, einem intimen Theater mit 300 Plätzen, das gesamte Gebäudeensemble erhielt eine klar gegliederte neoklassizistische Fassade. Mit Weitsicht und Wagemut schaffte Reinhardt sich die technischen Voraussetzungen für Inszenierungsformen, wie es sie noch nie gegeben hatte. Für die nächsten nahezu dreißig Jahre sollte er zur beherrschenden Figur im Berliner Theaterleben werden.

Das Lessingtheater wurde im Zweiten Weltkrieg zerstört und nicht wieder aufgebaut. Das Deutsche Theater und die Kammerspiele wurden von einem Bombenangriff in Mitleidenschaft gezogen, die Schäden beseitigte man nach Kriegsende. Anfang der sechziger und Anfang der achtziger Jahre wurden einige Erneuerungen vorgenommen, der historische Zuschauerraum und die Foyers wurden sorgfältig restauriert und blieben in ihrer ursprünglichen Form erhalten. Wer heute eine Klassiker-Inszenierung im Deutschen Theater besucht, begibt sich also in ein Ambiente, das jenem entspricht, in dem Kafka 1910 seine ersten Berliner Theatererfahrungen machte. Und wer dann noch Otto Brahm und Max Reinhardt seine Reverenz erweisen will: Ihre Büsten stehen auf dem Platz vor dem Deutschen Theater.

Ohnmächtig vor Begeisterung

Der Autor und verhinderte Germanistikstudent Franz Kafka dürfte die Entwicklungen im Berliner Theaterleben in den von ihm gelesenen Zeitschriften und in der Tagespresse interessiert verfolgt haben. Über die Theaterbesuche des jungen Kafka wissen wir leider wenig. Als Primaner hätte er in Prag Hauptmanns *Weber* in einer Matinee-Lesung des Ensembles des Deutschen Theaters hören können – Brahms Inszenierung durfte in Prag auch im Jahr 1900 noch nicht gezeigt werden. Das Kleine Theater gastierte 1902 mit Maxim Gorkis *Nachtasyl*, Reinhardts sensationelle Inszenierungen von Shakespeares *Ein Sommernachtstraum* und *Der Kaufmann von Venedig* waren 1905 zu sehen, und auch Otto Brahms Hauptmann- und Ibsen-Inszenierungen am Lessingtheater, das er nach seinem Ausscheiden am Deutschen Theater übernommen hatte, gastierten in Prag. Alexander Moissi, der später zu einem der großen Stars in Reinhardts Ensemble werden sollte, war ab der Spielzeit 1901/02 in Prag engagiert, und Albert Bassermann, der Kafka 1910 so sehr beeindrucken sollte, war auf Prager Theaterbühnen als Gast zu sehen gewesen. Das kulturelle Leben in Berlin spielte auch in den Feuilletons der beiden großen Prager Tageszeitungen eine Rolle, und es dürfte in den literarischen Kreisen für Gesprächsstoff gesorgt haben, denn man interessierte sich, man fuhr in die deutsche Hauptstadt und man erhoffte sich – sofern man selbst Autor war – ähnliche Erfolge wie Hofmannsthal, Schnitzler und Wedekind. Franz Kafka war also bestens vorbereitet, als er am 3. Dezember 1910 in Berlin eintraf. Zielgerichtet wählte er Aufführungen der Brahm- und der Reinhardt-Bühnen aus. »Fast aus dem Koupe«, schreibt er, sei er »in die Kammerspiele gefahren«; auf dem Spielplan standen Molières *Heirat wider Willen* und Shakespeares *Komödie der Irrungen*. Am nächsten Tag sieht er im Lessingtheater eine Inszenierung von fünf unter dem Titel *Anatol* zusammengefaßten Einaktern Arthur Schnitzlers. Er geht ins Metropol-Theater, und er sieht Max Reinhardts Inszenierung von Shakespeares *Hamlet* im Deutschen Theater mit Albert Bassermann in der Titelrolle. Seinem Freund Max Brod berichtet er nach Prag:

Max, ich hab eine Hamletaufführung gesehn oder besser den Bassermann gehört. Ganze Viertelstunden hatte ich bei Gott das Gesicht eines andern Menschen, von Zeit zu Zeit mußte ich von der Bühne weg in eine leere Loge schauen, um in Ordnung zu kommen. *(9. Dezember 1910)*

Bassermanns Spiel entfacht in Kafka eine Begeisterung, die jahrelang anhält. Noch Anfang März 1913 erwähnt er in einem Brief an Felice Bauer, wie sehr Bassermanns Spiel ihn ergriffen hat. Der Kritiker Fritz Engel beurteilte Bassermanns Leistung in seiner Besprechung für das *Berliner Tageblatt* allerdings wesentlich kritischer:

Und Bassermann an Stelle von Moissi ist Hamlet. Das war das eigentliche Ereignis. Ein glückliches? Nein. Bassermann, der eine Gemeinde besitzt, die ihn mit Recht liebt und ihn auch gestern – mit Reinhardt zusammen – sehr lebhaft rief, liefert den Hamlet dem Schauspielertum aus und gleich einem doppelten. Er spielt ihn, wie die Italiener ihn spielten, als Amleto furioso, und er will ihn auch mit modernster Psychologenkunst spielen, und er zerfasert und zergrübelt ihn, setzt Gedankenstriche, gibt fast nur betonte Worte, und bleibt dem Menschen und dem Großen fern.

Max Reinhardt hatte *Hamlet* bereits im Jahr zuvor in München inszeniert und diese Inszenierung zunächst ans Deutsche Theater übernommen. In einer Umarbeitung und mit weitgehender Umbesetzung hatte er das Drama dann am 24. November neu herausgebracht. Die Titelrolle war jetzt statt mit dem 30-jährigen Alexander Moissi mit dem dreizehn Jahre älteren Albert Bassermann besetzt, mit dem zusammen Reinhardt ab 1899 als Schauspieler bei Otto

Brahm engagiert gewesen war. Bassermann galt eigentlich als Brahm-Schauspieler, war diesem auch vom Deutschen Theater ans Lessingtheater gefolgt. Nach erfolgreichen Jahren war er sich aber offenbar – ähnlich wie Reinhardt einige Jahre zuvor – bewußt geworden, daß sich die Zeit des naturalistischen Dramas und der damit verbundenen Aufführungspraxis ihrem Ende zuneigte, und er war zur Spielzeit 1909/10 an das Deutsche Theater gewechselt. Kafka erlebt ihn in einer Inszenierung, die den Übergang vom naturalistischen Theater zu Reinhardts Regietheater markiert. Der Wandel zeigt sich in den Besprechungen der Berliner Kritiker, daran, wie sie Bassermanns Rollengestaltung bewerten. Fritz Engel, der altgediente Kritiker, hebt hervor, der »große Darsteller« habe »in Otto Brahms Klosterzucht sich oft, wenn auch nicht immer, zu bändigen« gewußt, jetzt übernehme er sich, expressives Spiel und sprachliche Gestaltung paßten nicht zueinander. »Es war schmerzlich zu sehen, wie der Stimmapparat dem unübertroffen geschmeidigen Körper nachzujagen strebte.« Kafka dagegen ist von Spiel und Stimme gleichermaßen hingerissen, den Blick zeitweilig abgewandt, gibt er sich allein der Stimme hin. Warum ihn, der in Prag noch nie etwas Vergleichbares gesehen hat, Bassermann dermaßen überwältigt, läßt Harry Kahns Besprechung in der *Schaubühne* ahnen:

Bassermann rast, überschlägt und überschreit sich; seine Füße tragen ihn nicht mehr, seine Stimmbänder zerreißen schier, sein Mund, seine Augen werden maskenstarr, wenn er zum ersten Mal das ganze Gewebe durchschaut und erkennt, was ihm das Schicksal angetan hat. [...] Die ganze Art Bassermanns: Worte und Gebärden unförmig und ungeformt, glühend und roh gleich Lava aus dem Krater, zu speien, auszuwürgen, dieser Naturalismus nicht so sehr des Gefühls wie des Intellekts – hier hat er einmal innerlichste Berechtigung und Bedeutung; hier ist er nicht Analyse, sondern dient der Synthese einer Gestalt. Was will es da besagen, daß Bassermann manchmal Sätze bis zur Sinnlosigkeit zertrennt, zerpflückt, andre ebenso zusammenkuppelt oder ineinanderknüllt [...].

Gleich bei seinem ersten Aufenthalt in Berlin gerät Kafka also ins Zentrum der Auseinandersetzung zwischen Traditionalisten und Modernisierern des Theaters. Seine Faszination galt eindeutig den neuen Formen, die von Berlin ausgehend die dramatische Kunst des 20. Jahrhunderts bestimmen sollten. In Berlin war er am Puls der Zeit, und seine Begeisterung für Albert Bassermann fand im Aufstieg des Schauspielers zum gefeierten Bühnenstar, der wenige Jahre später als einer der ersten den Wechsel ins Filmgenre wagte, ihre Bestätigung. Als Bassermann nach zehnjähriger Zusammenarbeit mit Otto Brahm zum Deutschen Theater Max Reinhardts wechselte, spätestens aber mit der Titelrolle in dessen *Hamlet*-Inszenierung des Jahres 1910, begann sein Aufstieg zu einer der Ikonen des modernen deutschsprachigen Theaters.

Das erträumte Berlin

Über den ersten Aufenthalt in Berlin schreibt Kafka wenige Tage nach seiner Rückkehr:

Alles in dieser Woche war so gut für mich eingerichtet, wie es meine Verhältnisse nur jemals ermöglicht haben und wie sie es allem Anschein nach kaum mehr ermöglichen werden. [...] Ich hatte acht vollkommen freie Tage. [...] Ich war gesünder als Monate vorher, wenigstens am Anfang der Woche. Das Grünzeug ist so gut und still in mich hineingegangen, daß es aussah als füttere mich ein glücklicher Zufall eigens für diese Woche. *(An Max Brod, 15. und 17. Dezember 1910)*

Die Berliner Tage zeigen anhaltende Wirkung, sogar bis in Kafkas Nächte hinein. Im Mai 1912 sind es nun über ein Jahr zurückliegende Beobachtungen und Zeitungslektüren, die in ein seltsames Traumerlebnis eingehen, das er in seinem Tagebuch ausführlich schildert:

Traum vor kurzem: Ich fuhr mit meinem Vater durch Berlin in der Elektrischen. Das Großstädtische war vorgestellt von unzähligen regelmäßig aufrechtstehenden zweifarbig gestrichenen, am Ende stumpf abgeglätteten Schlagbäumen. Sonst war alles fast leer, aber das Gedränge dieser Schlagbäume war groß. Wir kamen vor ein Tor, stiegen ohne es zu fühlen aus, traten durch das Tor ein. Hinter dem Tor stieg eine sehr steile Wand aufwärts, die mein Vater fast tanzend erstieg, die Beine flogen ihm dabei so leicht wurde es ihm. Es lag sicher auch einige Rücksichtslosigkeit darin, daß er mir gar nicht half, denn ich kam nur mit der äußersten Mühe, auf allen Vieren, häufig wieder zurückrutschend hinauf, als sei die Wand unter mir steiler geworden. Peinlich war dabei auch, daß sie mit Menschendreck bedeckt war, so daß mir Flocken davon vor allem auf der Brust hängen blieben. Ich sah sie mit geneigtem Gesicht an und fuhr mit der Hand darüber hin. Als ich endlich oben war, flog mir gleich mein Vater, der schon aus dem Innern eines Gebäudes kam, an den Hals und küßte und drückte mich. Er hatte einen mir aus der Erinnerung gut bekannten altmodischen, kurzen, im innern sophaartig gepolsterten Kaiserrock an. »Dieser Dr. von Leyden! Das ist doch ein ausgezeichneter Mensch« rief er immer wieder. Er hatte ihn aber durchaus nicht als Arzt besucht sondern nur als kennenswerten Mann. Ich hatte ein wenig Angst, daß ich auch zu ihm hineinmüßte, es wurde aber nicht verlangt. Links hinter mir sah ich in einem förmlich mit lauter Glaswänden umgebenen Zimmer einen Mann sitzen, der mir den Rücken zuwandte. Es zeigte sich, daß dieser Mann der Sekretär des Professors war, daß mein Vater tatsächlich nur mit ihm gesprochen hatte und nicht mit dem Professor selbst, daß er aber irgendwie durch den Sekretär hindurch die Vorzüge des Professors leibhaftig erkannt hatte, so daß er in jeder Hinsicht zu einem Urteil über den Professor genau so berechtigt war, wie wenn er persönlich mit ihm gesprochen hätte.

Ernst von Leyden, der ehemalige Direktor der Medizinischen Klinik der Charité und einer der berühmtesten Ärzte des wilhelminischen Berlin, der hier zweifellos auftritt, war am 5. Oktober 1910 gestorben, Kafka ist ihm nie persönlich begegnet. Dabei wäre von Leyden, der bis zu seinem Lebensende im vornehmen Bezirk Tiergarten eine Privatheilanstalt betrieben hat, ein Arzt nach seinem Geschmack gewesen: Ein Mediziner, für den das Wohlergehen des Patienten stets das wichtigste Kriterium war. Seine Studenten schulte er in Patientenbeobachtung und Diagnosestellung – etwas, was Kafka bei den Hausärzten seiner Familie stets vermißte. Er gilt als Mitbegründer der Krebsforschung, er war unter anderem spezialisiert auf Lungenkrankheiten und setzte sich – eine Ironie des Schicksals angesichts von Kaf-

Ernst von Leyden im Jahr 1907 bei der Ankunft vor der Charité.

kas letzten Lebensjahren – für die Einrichtung von Heilstätten zur Tuberkulosebekämpfung ein. Und er propagierte eine diätetische Therapie, etwas, was den Überzeugungen Kafkas sehr entsprach.

Bei der Lektüre von Berliner Tageszeitungen waren Kafka vermutlichen die ausführlichen Berichte über Trauer- und Gedenkfeiern aufgefallen. Ernst von Leyden erhielt ein Ehrengrab auf dem Friedrichswerderschen Kirchhof I in Kreuzberg, und im Jahr 1913 wurde vor der heutigen Klinik für Innere Medizin der Charité, Schumannstraße 20–21, unweit des Deutschen Theaters, seine bronzene Porträtbüste errichtet.

Mit seiner Aufzeichnung eines Traums von Berlin errichtete Kafka dem »ausgezeichneten Menschen« und Arzt ein ganz eigenes Denkmal. Es sollte allerdings nicht mehr lange dauern, bis Berlin nicht nur im Traum, sondern in Kafkas konkreter Lebensplanung eine Rolle zu spielen begann.

Die Berlinerin

Als Dr. Franz Kafka, Privatbeamter der Arbeiter-Unfall-Versicherungs-Anstalt für das Königreich Böhmen in Prag und Schriftsteller, am 13. August 1912 mit einem Bündel abgetippter Manuskriptblätter um neun Uhr abends zu seinem Freund Max Brod ging, um mit ihm die Reihenfolge der Texte in seinem ersten Buch zu besprechen, traf er in der Wohnung der Familie Brod unerwartet einen Gast an: Fräulein Felice Bauer aus Berlin, eine entfernte, durch die Heirat ihres Cousins mit Max Brods Schwester mit der Familie verbundene Verwandte, die auf der Reise nach Budapest in Prag Station machte. Auf Kafka muß sie einen umwerfenden Eindruck gemacht haben: Vier Jahre jünger als er, ausgebildete Stenotypistin und zur Direktrice der Firma Carl Lindström aufgestiegen, einem Unternehmen, das Grammophone und Diktiergeräte herstellte, war sie so ganz anders als die jungen Frauen seiner Generation in Prags. Eine selbstbewußte Berlinerin, die allein, ohne männlichen Begleitschutz durch Europa reiste, in einem der besten Hotels Prags abstieg – in einer Zeit, in der Frauen für Bildung kämpfen mußten, kein Wahlrecht besaßen, erst seit wenigen Jahren Mitglieder von Vereinen werden konnten, für eine Anstellung die Erlaubnis des Vaters oder des Ehemanns benötigten, war dies ungewöhnlich, für Prager Verhältnisse geradezu sensationell. Eine Frau, die in der von Männern dominierten Geschäftswelt erfolgreich war, wortgewandt, tüchtig, mit den neue-

Felice Bauer.

sten Entwicklungen moderner Büroartikel vertraut, mit all den Maschinen, die innerhalb weniger Jahre den Büroalltag so grundlegend verändert hatten wie in gleichem Maße erst viele Jahrzehnte später wieder die Computertechnologie.

Plötzlich stand ihm in der vertrauten Prager Umgebung eine Vertreterin des modernen Großstadtlebens gegenüber, jenes Berlins, das für Kafka und viele seiner Zeitgenossen mit Modernität und mondänem Leben, mit Fortschritt und Aufbruchstimmung verbunden war. Sie berichtete von Theaterbesuchen,

*Blick in die Immanuelkirchstraße, Ecke Winsstraße, um 1914.
Im Haus auf der rechten Seite vor dem Eckhaus wohnte die Familie Bauer,
im Hintergrund links die Immanuelkirche.*

vom Kinematographen, vom Hebräischunterricht, sie ging auf den spontanen Vorschlag einer gemeinsamen Palästinareise ein – Kafka war überwältigt. Die Erinnerung an diesen Abend ließ ihn nicht los, und wenige Tage später versuchte er in seinem Tagebuch, sich durch eine bemüht nüchterne Beschreibung des Zusammentreffens von diesem Bann zu befreien – während er gleichzeitig fieberhaft überlegte, ob er Felice Bauer Blumen oder lieber Konfekt in die Immanuelkirchstraße in Berlin schicken sollte. Er entschied sich für den ›moderneren‹ Weg: Er schrieb einen Brief, aber mit der Schreibmaschine. Im Büro seiner Versicherungsanstalt, wo er nie selbst schreiben mußte, wo ihm Schreibmaschinisten und Schreibmaschinenfräuleins zur Verfügung standen, setzte er sich an die Maschine, um seine lange überlegten Zeilen zu Papier zu bringen und zu zeigen, daß er mit den modernen Büromaschinen durchaus vertraut war. Es ist der erste einer bald einsetzenden Flut von – dann selbstverständlich handschriftlichen – Briefen, in denen sich Kafka nach Berlin träumt und Anteil am Alltag seiner Briefpartnerin nimmt. Die Adresse Felice Bauers hatte er sich schon längst besorgt, wie er in seinem zweiten Brief gesteht:

Wie ich zu Ihrer Adresse komme? Danach fragen Sie ja nicht, wenn Sie danach fragen. Ich habe mir eben Ihre Adresse ausgebettelt. Zuerst bekam ich irgend eine Aktiengesellschaft genannt, aber das hat mir nicht gefallen. Dann bekam ich Ihre Wohnungadresse ohne Nr. und dann die Nr. dazu. Jetzt war ich zufrieden und schrieb erst recht nicht, denn ich hielt die Adresse schon immerhin für etwas. Außerdem fürchtete ich, daß die Adresse falsch wäre, denn wer war Immanuel Kirch? Und nichts ist trauriger, als einen Brief an eine unsichere Adresse zu schicken, das ist ja dann kein Brief, das ist mehr ein Seufzer. Als ich dann wußte, daß in Ihrer Gasse eine Imm.-Kirche steht, war wieder eine Zeitlang gut. Nur hätte ich zu Ihrer Adresse gern noch die Bezeichnung einer Himmelsrichtung gehabt, weil das doch bei Berliner Adressen immer so ist. Ich für meinen Teil hätte Sie gern in den Norden verlegt, trotzdem das, wie ich glaube, eine arme Gegend ist. *(28. September 1912)*

So ganz falsch lag Kafka mit seiner Vermutung nicht: Die Immanuelkirchstraße in Prenzlauer Berg lag in einem jener schnell aus dem Boden gestampften Viertel, die Wohnraum für die zuwandernden Neubürger der rasant wachsenden Großstadt Berlin bieten sollten. Die frischgebackene Reichshauptstadt hatte 1871 etwa 800.000 Einwohner, Ende der 1870er Jahre gehörte sie bereits zu den wenigen Millionenstädten, die es damals auf der Welt gab. Der Hausbau wurde industrialisiert, mit Hilfe vorgefertigten Baumaterials konnten fünfgeschossige, aus Vorderhaus, Seitenflügel und Hinterhaus bestehende Wohnhäuser in wenigen Monaten fertiggestellt werden. Auf einen ersten Bauboom in den sogenannten Gründerjahren nach dem deutsch-französischen

Blick in die Prenzlauer Allee vom Prenzlauer Tor, um 1914.

Krieg folgte ein zweiter in den 1890er Jahren, der Berlin bis 1910 jährlich um etwa 100 neue Häuser wachsen ließ. Im Zuge dieses zweiten Booms wurden auch Seitenstraßen dicht bebaut, zum Beispiel die Immanuelkirchstraße, die ihren Namen der 1893 fertiggestellten neoromanischen Immanuelkirche an der Einmündung zur Prenzlauer Allee verdankt. Kein Immanuel Kirch, sondern das Hebräische »Gott ist mit uns« hatte der Kirche ihren Namen gegeben. Ob Kafka sich mit seiner vorgeblichen Unkenntnis die neue Bekannte gewogen machen wollte, die in Prag an der Übersetzung des hebräischen Tel Aviv gescheitert war?

Carl und Anna Bauer, Felices Eltern, waren 1899 mit ihren fünf Kindern aus Oberschlesien nach Berlin gekommen. Carl Bauer war in Ungarn geboren, in Wien aufgewachsen, im oberschlesischen Neustadt hatte er die sieben Jahre ältere Tochter eines Färbers geheiratet, in Berlin arbeitete er für die Generalagentur der Versicherung Iduna. Als Kafka die

zweitjüngste Tochter des Bauers kennenlernte, lebte die Familie in der vierten Etage der Immanuelkirchstraße Nr. 29. Es war eines der für den Prenzlauer Berg inzwischen typischen Häuser: ein fünfgeschossiges Vorderhaus mit Ladengeschäften im Erdgeschoß; darüber pro Etage zwei Wohnungen, eine davon mit einem länglichen Raum, dem sogenannten Berliner Zimmer, das sich in den Seitenflügel erstreckt und nur zum Hof hin ein Fenster hat. Die damals übliche Einrichtung besonders dieses als Empfangs- oder Aufenthaltsraum gedachten Zimmers sollte während der Verlobungszeit einer der Streitpunkte zwischen Felice Bauer und Kafka werden. In dieser Wohnung der Bauers ist Kafka wohl nie gewesen. Das Haus und die Gegend hat er sich allerdings eingehend von seinem Freund Jizchak Löwy beschreiben lassen. Der ostjüdische Schauspieler gastierte in Berlin, und Kafka bat ihn, ohne einen Grund dafür zu nennen, die Immanuelkirchstraße aufzusuchen und sie ihm zu beschreiben. Das

Ergebnis zitiert Kafka, wortgetreu, in einem Brief an Felice Bauer, einschließlich der Beschreibung des falschen Hauses:

Von Alexander Platz ziht sich eine lange, nicht belebt Straße, Prenzloer Straße, Prenzloer Allee. Welche hat viele Seitengäßchen. Eins von diese Gäßchen ist das Immanuel. Kirchstraß. Still, abgelegen, weit von den immer roschenden Berlin. Das Gäßchen beginnt mit eine gewenliche Kirche. Wi sa wi steht das Haus Nr 37 ganz schmall und hoch. Das Gäßchen ist auch ganz schmall. Wenn ich dort bin, ist immer ruhig, still und ich frage, ist das noch Berlin?
(5. November 1912)

Von der damaligen Beschaulichkeit der Prenzlauer Allee, heute eine der Hauptausfallstraßen Berlins, zeugen nur noch alte Ansichtskarten. Die Immanuelkirchstraße hat indes etwas von ihrer Ruhe bewahrt. Das Haus Nr. 29 und die umliegenden Häuser haben ebenso wie die Kirche die Zeiten überdauert; es ist einer der wenigen Orte von Kafkas Berlin, die weder Bomben noch Abrißbirne zum Oper gefallen sind.

Grunewald und Kleists Grab

Es dauert mehr als zwei Jahre, bis Kafka zum zweiten Mal nach Berlin fährt. Am 22. März 1913 trifft er gegen 23 Uhr auf dem Anhalter Bahnhof ein, von wo aus er sich in das Hotel Askanischer Hof in der Königgrätzer Straße 21 begibt. Am nächsten Tag, dem Ostersonntag, trifft er sich mit Felice Bauer – es ist das erste Wiedersehen nach der Begegnung in Prag und nachdem an die 400 Briefe gewechselt wurden. Sie fahren in den Grunewald, damals als Sonntagsausflugsziel der Berliner noch beliebter als heute. Vermutlich ist der Schlachtensee Ziel ihres Spaziergangs – Felice Bauer will Kafka alle Grunewaldseen zeigen, dazu reicht die Zeit aber nicht. Während des Spaziergangs leidet Kafka Höllenqualen, weil es ihm nicht gelingen will, all das, was ihm auf die Entfernung so leicht aus der Feder fließt, nun auch über die Lippen zu bringen. Er schweigt die meiste Zeit – keine gute Voraussetzung für ein Wiedersehen zwischen Verliebten. Zumal Felice allen Beschreibungen zufolge eine echte Berlinerin ist, von der es heißt, sie sei nicht amüsant:

Nach der geschilderten Anlage kann sie es kaum sein. Denn mit dem Verstand allein, und sei er noch so diszipliniert, kann sie den Mangel an glücklicher Harmlosigkeit und Heiterkeit doch nicht gut machen, und etwas von Anstrengung und Spannung fließt in die Konversation mit ihr leicht ein. Trotz ihrer angeborenen Schlagfertigkeit. Sie ist nämlich im tiefsten Innern nicht nur unsicher und (man lache nicht) schüchtern, sondern auch ernst und schweigsam, und die Lebhaftigkeit, die sie trotzdem zeigt, ist eine angenommene Schutzfärbung, ist Mimikry. Echt ist sie nur im witzigen und mehr oder weniger gutmütigen Spott. Darin liegt die Stärke der Berliner Konversation. Wo Überstiegenheit oder Ungeschicklichkeit oder sonst ein für Satire dankbar geeigneter Stoff sich wittern läßt, da erwachen die Zungen unserer Damen sofort zu spitzer Flinkheit.

Ach, hätte sich Kafka doch vorausschauend in dem hier zitierten hilfreichen Handbuch *Berlin und die Berliner* aus dem Jahr 1905 kundig gemacht, wer weiß, wie anders nicht nur dieser Ausflug, sondern die ganze weitere Geschichte verlaufen wäre! Die Berlinerin Felice Bauer ist eben in vielerlei Hinsicht anders als die jungen Damen, die den feschen Herrn Doktor in Prag anhimmeln und ihn gern auf Ausflügen begleiten. Ihn zieht es zum Wannsee, an Kleists Grab, ihr gefällt es dort überhaupt nicht. Vielleicht fand sie es unpassend, das, was als Spaziergang eines Liebespaars gedacht war, mit dem Besuch jenes Ortes zu verbinden, an dem ein anderes Paar tragisch endete. Am 21. November 1811 hatte Kleist hier zunächst seine Freundin Henriette Vogel, dann sich selbst erschossen, beide liegen hier begraben. Der Gedenkstein wurde im Laufe der Jahre ausgetauscht, die am bewaldeten Ufer über dem Wannsee gelegene Grabstätte ist aber heute noch ebenso idyllisch wie am 23. März 1913. Man erreicht sie vom Bahnhof Wannsee kommend leicht von der Bismarckstraße aus.

Am Abend nach dem mißlungenen gemeinsamen Sonntagsausflug sucht Kafka offenbar Aufmunterung bei seiner alten Berliner Leidenschaft: dem Theater. Trotz der Langeweile, die er dort im Jahr 1910 verspürt hat, geht er ins Metropol-Theater. Man gibt *Die Kino-Königin*, Jean Gilberts neuen Kassenschlager. Am nächsten Tag trifft er sich mit dem Prager Schriftsteller Otto Pick, der im selben Zug mit

Kleists Grab am Wannsee, wie es bei Kafkas Besuch aussah.

nach Berlin gekommen war, sowie einer Gruppe von in Berlin lebenden Schriftstellern, zu der die Brüder Albert und Carl Ehrenstein, Paul Zech und Else Lasker-Schüler gehören, im Café Josty am Potsdamer Platz.

Der Präsentierteller Berlins

Möglicherweise hatte Kafka das Café Josty bereits bei seinem ersten Aufenthalt kennengelernt – ein Besuch in diesem Berliner Traditionscafé gehörte fast zwingend zum Programm jedes Berlinreisenden der damaligen Zeit. Das Café Josty war nicht nur eine der ältesten Konditoreien, es war am Potsdamer Platz geradezu eine Institution. In seinem Roman *Die Poggenpuhls* läßt Theodor Fontane den alten General Poggenpuhl die Aussicht aus einem Fenster des Hotels Fürstenhof – einer weiteren Institution am Potsdamer Platz – an der Einmündung der Königgrätzer Straße beschreiben:

Und wenn ich mich da morgens ins Fenster lege, links und rechts ein Sofakissen unterm Arm, und die frische Winterluft kommt so vom Hall'schen Tor her – was ich mir wohl gönnen kann, weil ich dran gewöhnt bin, denn von unsrer alten Koppe herunter pustet es noch ganz anders – und ich habe dann so Café Bellevue und Josty vor mir, Josty mit dem Glasvorbau, wo sie schon von früh an sitzen und Zeitungen lesen, und die Pferdebahnen und Omnibusse kommen von allen Seiten heran, und es sieht aus, als ob sie jeden Augenblick ineinander fahren wollten, und Blumenmädchen dazwischen (aber es sind eigentlich Stelzfüße), und in all dem Lärm und Wirrwarr werden dann mit einemmal Extrablätter ausgerufen, so wie Feuerruf in alten Zeiten und mit einer Unkenstimme, als wäre wenigstens die Welt untergegangen, – ja, Kinder, wenn ich das so vor mir habe, da wird mir wohl, da weiß ich, daß ich mal wieder unter Menschen bin, und darauf mag ich nicht gern verzichten.

Es sind eigene Beobachtungen, die Fontane seinem General in den Mund legt: Von 1873 bis zu seinem Tod lebte er in der Nachbarschaft des Potsdamer Platzes, war schon vor dem Café hierhin übersiedelt.

Das Café Josty am Potsdamer Platz, 1913.

Die Nachfahren der aus der Schweiz zugewanderten Brüder Josty, die 1796 in Berlin die Zuckerbäckerei Johann Josty & Co. gegründet hatten, verlegten ihr Café 1880 an den Potsdamer Platz, wo es bis 1930 bestehen blieb. Das Gebäude, in dem es sich befand, wurde während des Zweiten Weltkriegs vollständig zerstört, die Legende klingt allerdings bis heute nach: In Wim Wenders Film *Der Himmel über Berlin* von 1987 ist der große alte Curt Bois, selbst ein Zeuge vergangenen Glanzes, im Ödland des ehemaligen Potsdamer Platzes auf der Suche nach dem Josty; zwei Jahre später gab es dort keine innerdeutsche Grenze mehr, und mit dem Wiederaufbau des Potsdamer Platzes entstand im Sony Center ein neues Café Josty. Mit dem alten, längst verschwundenen hat es außer dem Namen allerdings nichts gemein.

Als Kafka das Josty besuchte, war es längst aus dem Besitz der Gründerfamilie an die Inhaber des nicht minder bekannten Café Bauer – das seinen Hauptsitz an der Kreuzung Friedrichstraße/Unter den Linden hatte – übergegangen. Seiner Bekanntheit als beliebter Treffpunkt für Künstler aller Gattungen, die von der Dynamik und der Modernität des Platzes angezogen wurden, als ›Präsentierteller von Berlin‹ tat dies keinen Abbruch. Für Kafka sollte die Umgebung des Café Josty bald als Schauplatz eines sehr privaten Ereignisses Bedeutung erlangen, eines, das Eingang in die Literaturgeschichte fand.

Ferner Osten – reicher Westen

Als Kafka zu Pfingsten 1913 das nächste Mal nach Berlin kam, war die Familie Bauer von Prenzlauer Berg nach Charlottenburg in die Wilmersdorfer Straße 73 gezogen. Ein deutliches Zeichen des gesellschaftlichen und wirtschaftlichen Aufstiegs – Carl Bauer war inzwischen Repräsentant der Iduna-Versicherung für Skandinavien. Die Bauers folgten dem Trend der Zeit, den Griebens Reiseführer so darstellt:

Der Hauptzug der Bevölkerung geht nach dem Westen, und zwar ist diese Bewegung eine so gewaltige, daß man schon jetzt vom »alten« und vom »neuen« Westen redet; letzterer wird auch kurz mit WW bezeichnet. Sein gesellschaftlicher Mittelpunkt ist der schon zu Charlottenburg gehörende Kurfürstendamm, eine schöne, breite, baumbestandene Allee, die nach dem Grunewald führt und sich durch besonders starken Autoverkehr auszeichnet. Sonntag mittag ist hier, hauptsächlich an der Kaiser Wilhelm Gedächtnis-Kirche, ein eleganter Fußgängerkorso, wo sich »Tout Berlin W« trifft, während in der Woche jeden Abend in der ebenfalls auf die K. W. G.-Kirche mündenden Tauentzienstraße ein »Laden-Bummel« stattfindet, der der Gegend einen eigenartigen Charakter gibt.

Charlottenburg war zu jener Zeit (und bis 1920) eine selbständige Großstadt, hier lebte die aufstrebende Mittelschicht und das wohlhabende Bürgertum. Die ehemalige königliche Residenzstadt diente bis ins 20. Jahrhundert hinein den Berlinern als Ausflugsziel und Sommerfrische. Während der Gründerjahre hatten sich hier zahlreiche prominente Berliner Bürger niedergelassen, gleichzeitig mit ihren repräsentativen Villen entstanden im Nordosten der Stadt große Industriebetriebe wie Siemens und Schering, mit denen der wirtschaftliche Boom begann. Das 1900 in Betrieb genommene Elektrizitätswerk versorgte Haushalte, Industriebetriebe, Straßenbahnen und ab 1905 die Straßenbeleuchtung mit Strom. Die Steuereinnahmen sprudelten, es entstanden breite Straßenzüge, moderne Verkehrswege, Parks, Sportstätten, Theater, elegante Wohnhäuser und eindrucksvolle öffentliche Gebäude wie die 1884 fertiggestellte Technische Hochschule (die heutige Technische Universität) und das 1905 eingeweihte neue Rathaus mit seinem 110 Meter hohen Turm an der Berliner Straße (heute Otto-Suhr-Allee, unweit dem Richard-Wagner-Platz). Im Jahr 1910 zählte Charlottenburg mit 306.000 Einwohnern zu den größten Städten des Reichs.

Hierhin war nun die Familie Bauer gezogen, in ein repräsentatives Mietshaus an der Ecke Wilmersdorfer Straße/Mommsenstraße. Es steht nicht mehr, dürfte sich aber nicht sehr von dem Eckhaus auf der gegenüberliegenden Straßenseite unterschieden haben, war möglicherweise sein architektonisches Pendant. Kafka war dort an dem Pfingstwochenende 1913 erstmals zu Gast. Die Familie Bauer feierte die Verlobung des einzigen Sohnes mit der Tochter eines Damenwäschefabrikanten, und Felice Bauer wollte ihren Prager Verehrer in den Familienkreis einführen. Kafka hatte sich im Vorfeld den Kopf über die Gepflogenheiten des Berliner Bürgertums zerbrochen, darüber, ob er im schwarzen Anzug oder im Sommeranzug auftreten konnte, ob mit Blumen oder ohne. Und er fürchtete, wegen des ganzen Festaufwands – ein Empfangstag bei den Bauers, ein weiterer, zu dem er Felice Bauer begleiten sollte, bei den Brauteltern – kaum Zeit mit ihr allein zu haben. Immerhin erscheint ihm bei all dem der Wohnungs-

Wilmersdorfer Straße 73, die Familie Bauer wohnte ab April 1913 im linken Eckhaus.

wechsel der Bauers als Erleichterung seines Schicksals: »Übrigens ist ja jetzt alles ein wenig besser, da Du nicht mehr so entlegen wohnst.«

Kafka trifft am Samstagabend in Berlin ein, am nächsten Morgen hat Felice Bauer keine Zeit für ihn, aber am Nachmittag dieses Pfingstsonntags unternehmen die beiden erneut einen Ausflug in den Grunewald. Dieses Mal ist der Nikolassee ihr Ziel. Vermutlich fuhr das Paar mit der Grunewaldbahn bis zur 1901 gegründeten Villenkolonie Nikolassee, ging dann auf Waldwegen zum gleichnamigen See und kehrte später vielleicht in eines der vielen Ausflugslokale ein. Es scheint ein harmonischerer Ausflug gewesen zu sein als der zu Ostern, obgleich Kafka wohl zu hören bekam, daß er sie »immer auf häßlichen Wegen führe, selbst wenn ein schöner See in der Nähe« sei. Am Pfingstsonntag wurde Kafka dann in den Familienkreis eingeführt.

Von seinem Auftritt im Kreis der Familie Bauer hatte Kafka selbst einen denkbar schlechten Eindruck; er war sich klein und unbeholfen vorgekommen, meinte rückblickend, sie habe in bezug auf ihn »den Anblick vollständiger Resignation« dargeboten. Mit diesem Eindruck begibt sich Kafka am Nachmittag zum Anhalter Bahnhof und fährt zurück nach Prag.

Metaphern der Moderne

In der Beziehung zwischen Franz Kafka und Felice Bauer, zwischen dem Prager und der Berlinerin, hat es nie die Normalität eines Alltags gegeben, sie war über fünf Jahre hin von Ankunft und Abschied geprägt, von einem Gefühl der Vertrautheit in Briefen und dem Problem, dieses Gefühl in die Realität der körperlichen Nähe zu retten. Die Frage drängt sich auf, ob Kafka tatsächlich in diese Berlinerin verliebt war oder nicht vielmehr in die Stadt, in der sie lebte. Ob man sich nun auf das Gebiet der Traumdeutung begeben mag oder lieber nicht, es fällt auf, daß die ferne Geliebte in einer Traumaufzeichnung von Anfang 1914 nur als Randfigur auftritt, fast scheint sie das Alibi dafür zu sein, von der Stadt zu träumen.

Träume: In Berlin, durch die Straßen, zu ihrem Haus, das ruhige glückliche Bewußtsein, ich bin zwar noch nicht bei ihrem Haus, habe aber die leichte Möglichkeit hinzukommen, werde bestimmt hinkommen. Ich sehe die Straßenzüge, an einem weißen Haus eine Aufschrift etwa »Die Prachtsäle des Nordens« (gestern in der Zeitung gelesen) im Traum hinzugefügt »Berlin W«. Frage einen leutseligen rotnasigen alten Schutzmann, der in einer Art Dieneruniform diesmal steckt. Bekomme überausführliche Auskunft, sogar ein Geländer einer kleinen Rasenanlage in der Ferne wird mir gezeigt, an das ich der Sicherheit halber mich anhalten soll, wenn ich vorüberkomme. Dann Ratschläge betreffend die Elektrische, die Untergrundbahn u.s.w. Ich kann nicht mehr folgen und frage erschrocken, wohl wissend, daß ich die Entfernung unterschätze: »Das ist wohl 1/2 Stunde weit?« Er aber, der alte Mann, antwortet: »Ich bin dort in 6 Minuten.« Die Freude! Irgendein Mann, ein Schatten, ein Kamerad begleitet mich immer, ich weiß nicht, wer es ist. Habe förmlich keine Zeit mich umzudrehn, mich seitwärts zu wenden. – Wohne in Berlin in irgend einer Pension, in der scheinbar lauter junge polnische Juden wohnen; ganz kleine Zimmer. Ich verschütte eine Wasserflasche. Einer schreibt unaufhörlich auf einer kleinen Schreibmaschine, wendet kaum den Kopf, wenn man um etwas bittet. Keine Karte von Berlin aufzutreiben. Immer sehe ich in der Hand eines ein Buch, das einem Plan ähnlich ist. Immer zeigt sich, daß es etwas ganz anderes enthält, ein Verzeichnis der Berliner Schulen, eine Steuerstatistik oder etwas derartiges. Ich will es nicht glauben, aber man weist es mir lächelnd ganz zweifellos nach. *(Tagebuch, 13. Februar 1914)*

Ein Traum von Berlin, in dem sich mischt, was Kafka tatsächlich beobachtet hat, was er bei der nahezu täglichen Zeitungslektüre aufgeschnappt hat und was sich für ihn aus den unterschiedlichsten Quellen kommend zu seinem persönlichen Bild dieser Stadt Berlin verfestigt hat. Der wie aus einem biedermeierlichen Kunstpostkartenidyll entsprungene Schutzmann gibt Auskunft über die allermodernsten Verkehrsmittel, Zuwanderer aus Osteuropa treten auf, und die ganze Atmosphäre wirkt höchst geschäftig, gipfelt in präzise Zeitangaben, in Listen und monetäre Zahlenwerke – alles Metaphern der modernen Großstadt. »Durch das rechnerische Wesen des Geldes ist in das Verhältnis der Lebenselemente eine Präzision, eine Sicherheit in der Bestimmung von Gleichheiten und Ungleichheiten, eine Unzweideutigkeit in Verabredungen und Ausmachungen gekommen«, stellt Georg Simmel in seiner berühmten Abhandlung zur Großstadt fest.

Die Beziehungen und Angelegenheiten des typischen Großstädters pflegen so mannigfaltige und komplizierte zu sein, vor allem: durch die Anhäufung so vieler Menschen mit so differenzierten Interessen greifen ihre Beziehungen und Betätigungen zu einem so vielgliedrigen Organismus ineinander, daß ohne die genaueste Pünktlichkeit in Versprechungen und Leistungen das Ganze zu einem unentwirrbaren Chaos zusammenbrechen würde.

Wenn alle Uhren in Berlin plötzlich in verschiedener Richtung falschgehen würden, auch nur um den Spielraum einer Stunde, so wäre sein ganzes wirtschaftliches und sonstiges Verkehrsleben auf lange hinaus zerrüttet.

Dazu kommt, scheinbar noch äußerlicher, die Größe der Entfernungen, die alles Warten und Vergebenskommen zu einem gar nicht aufzubringenden Zeitaufwand machen.

So ist die Technik des großstädtischen Lebens überhaupt nicht denkbar, ohne daß alle Tätigkeiten und Wechselbeziehungen aufs pünktlichste in ein festes, übersubjektives Zeitschema eingeordnet würden. *(Georg Simmel, Die Großstädte und das Geistesleben, 1903)*

Der im Prager Freundeskreis wie im Büro für seine Unpünktlichkeit berüchtigte Kafka legte in der Beziehung zu Felice Bauer, ja, in allem, was für ihn mit Berlin verbunden war, größten Wert auf Verläßlichkeit und Pünktlichkeit. Die Berechenbarkeit des Postwegs zwischen Prag und Berlin war ihm geradezu lebenswichtig. Ein am frühen Morgen direkt am Fernzug nach Berlin eingeworfener Brief wurde um die Mittagszeit in Berlin zugestellt, und wenn Felice Bauer umgehend antwortete – was er als selbstverständlich voraussetzte –, lag am Abend desselben Tages bereits ihre Antwort in Prag vor. Kafka begleitete den Brief in Gedanken, traf er nicht ein, erwog er die Hindernisse im vorausberechneten Ablauf, die zu Verzögerungen geführt haben konnten. Telefongespräche über Ländergrenzen hinweg waren noch ungewöhnlich und kostspielig, außerdem mußten sie angemeldet werden – was letztlich auch hier bedeutete: sich in Geduld fassen und warten. Abgesehen davon brachten sie das paradoxe, aber eingespielte Verhältnis von Ferne und Nähe durcheinander.

Für seine Reisen nach Berlin erstellte Kafka Zeitpläne. Es mußte vorab geklärt sein, wann und wo er Felice Bauer treffen würde, wieviel Zeit dafür und für andere Dinge zur Verfügung stand. Eine Notwendigkeit angesichts der wenigen bei einem Wochenendbesuch zur Verfügung stehenden Stunden – der Samstag war damals noch normaler Arbeitstag, und Kafka konnte erst nach Dienstschluß losfahren; andererseits aber auch ein Merkmal des Großstadtlebens, in das er sich einfügen wollte. Wie das Warten – nach Georg Simmel eine Chiffre der Moderne, für Kafka eine Berliner Realität: In der Stadt eingetroffen, wartete er meistens in seinem Hotel auf einen Boten, auf einen Anruf, oft vergeblich:

Freitag hatte F. meinen Brief, in dem ich für Samstag 1/2 11 abends meine Ankunft anzeigte. Eine Bestätigung bekam ich nicht. Ich hatte Angst, daß der Brief vielleicht nicht angekommen ist, wollte telegraphieren, hoffte aber doch schließlich, daß ich im Hotel abends wenigstens ein Grußwort finden werde. Durfte ich nicht sogar hoffen, sie auf der Bahn zu sehn? Denken Sie, ich mußte doch Sonntag 4.30 wieder wegfahren und selbst wenn ich bis Mitternacht bleiben, die Nacht durchfahren und aus dem Zug ins Bureau laufen wollte, so waren es doch nur wenige jämmerliche Stunden Aufenthalt. Aber es war niemand auf der Bahn und im Hotel war nichts. Nun war also mein Brief gewiß verloren gegangen, das war sehr schlimm. Trotzdem wartete ich früh bis 1/2 9, dann war es unmöglich länger zu warten und ich schickte einen Radler hin. Der kam um 9, brachte einen Brief, F. schrieb, sie werde mich in einer 1/2 Stunde antelephonieren, gegen 10 telephonierte sie. [...] Wir giengen im Tiergarten spazieren. [...] F. mußte zu einem Begräbnis, das um 12 Uhr stattfand, wir rasten hin und kamen rechtzeitig an, das Letzte was ich von F. aus dem Automobilfenster sah, war wie sie zwischen zwei bekannten Herren durch das Gittertor des Friedhofs gieng und dann zwischen Leuten verschwand. [...] Wir hatten verabredet, sie würde mich um 3 Uhr antelephonieren und auf die Bahn kommen, aber ich möchte jedenfalls um 4.30 fahren, übrigens könne sie auch nicht versprechen, daß sie abend frei sein werde [...]. Ich mittagmahlte, lief dann ins Hotel und wollte auf den Anruf warten, aber es war erst 1 Uhr, es regnete langsam und unaufhörlich, ich war ein wenig trostlos und fuhr zu einem guten Bekannten nach Schöneberg, denn im Hotel war es wirklich nicht zum Aus-

In der Halle des Hotels Askanischer Hof.

halten. Um 1/2 3 riß ich mich von meinem Bekannten los, das Unglück, den Anruf zu versäumen, wollte ich nicht erleben. Ich kam genau 3 Uhr zurück, ich hatte nichts versäumt, ich war noch nicht angerufen worden. Und nun fieng das Warten an. Ich saß in der Vorhalle des Hotels und schaute in den Regen, ich gieng hinauf und warf meine paar Sachen in die Handtasche, ich gieng wieder hinunter und setzte mich und die Uhr ruhte nicht, bis es wirklich 4 Uhr vorüber war und ich zur Bahn mußte. Nun konnte F. freilich noch auf der Bahn sein, aber das wäre schon ein Wunder gewesen und ist auch nicht geschehn. Der Regen kann sie gehindert haben zur Bahn zu gehn, aber zu telephonieren kann sie niemand gehindert haben. So bin ich von Berlin weggefahren, wie einer der ganz unberechtigterweise hingekommen ist. *(An Grete Bloch, 10. November 1913)*

Die Konzentration aller Erwartungen auf einen Ruf, der nicht kommt, das hoffnungsvolle, ebenso geduldige wie vergebliche Warten – die Linien, die in das literarische Werk Kafkas führen, sind unübersehbar.

Von Parlographen, Grammophonen und Adressiermaschinen

Durch Felice Bauer, ihre Schwester und ihre Freundin erhielt Kafka einen direkten Einblick in den beruflichen Alltag einer modernen Metropole. Die industrielle Expansion Berlins, der wachsende Arbeitsmarkt brachten tiefgreifende Veränderungen mit sich. Im Büro, einer bis dahin klassischen Männerdomäne, waren immer mehr Frauen beschäftigt, Bürodiener, Schreiber und Kopisten verloren an Bedeutung. Waren es bei Einführung der Schreibmaschine in die Büroarbeit zunächst noch Männer, denen ihre Bedienung anvertraut wurde, übernahmen bald zunehmend junge Frauen mit spezieller Ausbildung diese neuen High-Tech-Geräte. Der Beruf der Stenotypistin entstand. Sowohl Felice Bauer als auch ihre Schwester Erna und ihre Freundin Grete Bloch konnten entsprechende Ausbildungen nachweisen, hatten Handelsschulen oder -akademien besucht. Zum Zeitpunkt der Begegnung mit Kafka war Felice Bauer bei der Carl Lindström AG als Direktrice für Vertrieb und Marketing des ›Parlographen‹, einem der ersten Diktiergeräte zuständig. Grete Bloch war in ähnlicher Position tätig, allerdings propagierte sie ihr Produkt, die Elliott-Fisher Beschreib- und Fakturiermaschine mit selbsttätiger Addition, im Auftrag des deutschen Generalimporteurs, der Union Zeiß, gleich europaweit, arbeitete zeitweilig in Berlin, wo die Firma Unter den Linden residierte, in Frankfurt am Main, wo die Firma ihren Hauptsitz hatte, in München, Wien und Budapest.

Als die Firma Carl Lindström im Dezember 1912 ihr zehnjähriges Bestehen feierte, war sie das größte Unternehmen in der deutschen phonographischen Industrie. Hervorgegangen war sie aus einer mechanischen Werkstatt, die Lindström, aus Schweden nach Berlin gekommen, 1892 gegründet hatte. Mit großem Erfolg produzierte er Phonographen und das Diktiergerät Parlograph. Mit zwei kapitalkräftigen Bankkaufleuten weitete er das Geschäft 1904 zur Carl Lindström GmbH, 1908 dann zur Aktiengesellschaft aus. Mit dem Erfolg der Schallplatte wuchs auch die Firma: Im Jahr 1906 stellte sie bereits 150.000 Grammophone her. Dank immer neuer Weiterentwicklungen – Lindström führte den beweglichen Tonarm und den Plattenwechsler ein – wurde die Firma bald zum Marktführer. Im Jahr 1911 erwarb sie das Plattenlabel Odeon, eines der bekanntesten Labels der Schellackära, und nach weiteren Zukäufen wurde sie Europas größter Schallplattenproduzent. Ihren Firmensitz hatte die Lindström AG bis 1919 in der Großen Frankfurter Straße 137 (der heutigen Karl-Marx-Allee), dorthin waren Kafkas Briefe adressiert, und dort holte er Felice Bauer bei einem seiner Besuche zur Mittagspause ab.

Während der über fünf Jahre währenden Beziehung mit Felice Bauer war Kafka allerdings nur an etwa zwanzig Tagen tatsächlich in Berlin. An allen anderen war er auf seine Träume und seine Phantasie angewiesen. Er verfolgte den Tagesablauf seiner Freundin, ihren Weg zur Arbeit oder nach Hause, ihre abendlichen Verabredungen und ihre Wochenendausflüge. Er läßt sich von allem berichten, kennt die Namen der Arbeitskollegen und ihre Lebensumstände, weiß, fern von Berlin und gleichzeitig ganz nah, von Tanzkursen und Laienspielgruppen, von Theater- und Kinobesuchen. Vom beschaulichen und technisch längst nicht so hochentwickelten Prag

Der Parlograph in Betrieb. Eine Messevorführung der Firma Lindström.

aus zeigt sich Kafka den Herausforderungen Berlins, wo längst schon Automation und Maschinenfertigung in den Alltag der Menschen Einzug gehalten haben, durchaus gewachsen, wenn er versucht, an der Arbeitswelt seiner Korrespondenzpartnerin teilzuhaben. Sein Nachholbedarf in puncto Modernität und Fortschritt läßt sich allenfalls daran ablesen, daß seine Überlegungen zur Vermarktung der Lindström-Produkte fast alle zu spät kommen. Enttäuscht muß er erfahren, daß öffentliche Phonographensalons längst eingerichtet sind und man auch schon bei den großen Hotels für die Bereitstellung von Parlographen geworben hat. Angetrieben vom Ehrgeiz, sich als ebenbürtiger Gesprächspartner auf dem Feld moderner Kommunikation zu zeigen, entwickelt er neue Ideen, ›erfindet‹ ganz nebenbei den Anrufbeantworter – und bedenkt bereits Probleme, die sich zum Ende des Jahrhunderts mit den dann massenhaft auftauchenden Geräten tatsächlich stellen:

Also meine neuen Ideen:

<u>1</u> Es wird ein Schreibmaschinenbureau eingerichtet, in welchem alles, was in Lindströms Parlographen diktiert ist, zum Selbstkostenpreis oder anfangs zur Einführung vielleicht etwas unter dem Selbstkostenpreis in Schreibmaschinenschrift übertragen wird. Das Ganze kann dadurch vielleicht noch billiger werden, daß man sich mit einer Schreibmaschinenfabrik zu diesem Zweck in Verbindung setzt, welche gewiß aus Reklame- und Konkurrenzgründen günstige Bedingungen stellen wird.

<u>2</u> Es wird ein Parlograph erfunden (kommandier, Liebste, die Werkmeister!) der das Diktat erst nach Einwurf einer Geldmünze aufnimmt. Solche Parlographen werden nun überall aufgestellt, wo gegenwärtig Automaten, Mutoscope und dgl. stehn. Auf jedem solchen Parlographen wird wie auf den Postkästen die Stunde verzeichnet sein, zu welcher das Diktierte, in Schreibmaschinenschrift übertragen, der Post übergeben werden wird. Ich sehe schon die kleinen Automobile der Lindström A.-G., mit welchen die benutzten Walzen dieser Parlographen eingesammelt und frische Walzen gebracht werden.

<u>3</u> Man setzt sich mit dem Reichspostamt in Verbindung und stellt solche Parlographen auf allen größern Postämtern auf.

<u>4</u> Außerdem werden solche Apparate überall dort aufgestellt, wo man zwar Zeit und Bedürfnis zum Schreiben,

aber nicht die nötige Ruhe und Bequemlichkeit hat, also in Eisenbahnwaggons, auf Schiffen, im Zeppelin, in der Elektrischen (wenn man zum Professor fährt) Hast Du bei Deiner Hotelrundfrage besonders an die Sommerfrischenhotels gedacht, wo die vor Geschäftsunruhe zappelnden Kaufleute die Parlographen umlagern würden.
<u>5</u> Es wird eine Verbindung zwischen dem Telephon und dem Parlographen erfunden, was doch wirklich nicht so schwer sein kann. Gewiß meldest Du mir schon übermorgen, daß es gelungen ist. Das hätte natürlich ungeheure Bedeutung für Redaktionen, Korrespondenzbureaux u.s.w. Schwerer, aber wohl auch möglich, wäre eine Verbindung zwischen Grammophon und Telephon. Schwerer deshalb, weil man ja das Grammophon überhaupt nicht versteht und ein Parlograph nicht um deutliche Aussprache bitten kann. Eine Verbindung zwischen Grammoph. und Telephon hätte ja auch keine so große allgemeine Bedeutung, nur für Leute, die, wie ich, vor dem Telephon Angst haben, wäre es eine Erleichterung. Allerdings haben Leute wie ich auch vor dem Grammophon Angst und es ist ihnen überhaupt nicht zu helfen. Übrigens ist die Vorstellung ganz hübsch, daß in Berlin ein Parlograph zum Telephon geht und in Prag ein Grammophon und diese zwei eine kleine Unterhaltung mit einander führen. Aber Liebste die Verbindung zwischen Parlograph und Telephon muß unbedingt erfunden werden.
(An Felice Bauer, 22./23. Januar 1913)

Bei aller an den Tag gelegter Erfindungslust: Eigentlich ängstigen Kafka solche Geräte, wie er schließlich selbst bekennt. Aber auch darin zeigt er sich vorausschauend und in ganz anderem Sinn modern, wenn er bei der Offerten schreibenden Direktrice die Probleme der Entfremdung in der Arbeitswelt anspricht:

Eine Maschine mit ihrer stillen, ernsten Anforderung scheint mir auf die Arbeitskraft einen viel stärkern grausamern Zwang auszuüben, als ein Mensch. Wie geringfügig, leicht zu beherrschen, wegzuschicken, niederzuschreien, auszuschimpfen, zu befragen, anzustaunen, ist ein lebendiger Schreibmaschinist, der Diktierende ist der Herr, aber vor dem Parlographen ist er entwürdigt und ein Fabriksarbeiter der mit seinem Gehirn eine schnurrende Maschine bedienen muß. Wie werden dem armen, von Natur aus langsam arbeitenden Verstand die Gedanken in einer langen Schnur abgezwungen! *(An Felice Bauer, 9./10. Januar 1913)*

Wie es in Fabriken zugeht und welche Folgen die industrielle Massenfabrikation dort hat, das weiß der Jurist der Arbeiter-Unfall-Versicherungs-Anstalt schließlich aus eigener Anschauung. Seiner Faszination für die Firma Lindström und ihre Produkte tut dies aber keinen Abbruch, und sie erklärt sich nicht nur damit, daß er bei der geschäftstüchtigen Berlinerin Eindruck schinden wollte. Für ihn verband sich viel mehr damit, standen doch die von Lindström hergestellten Apparate für eine ähnlich paradoxe Beziehung von Ferne und Nähe wie seine Korrespondenz mit Felice Bauer.

Zur Zeit seiner ganz persönlichen Konfrontation mit Parlograph und Phonograph hat die massenhafte Verbreitung von Stimmaufzeichnungssystemen bereits begonnen. Zweifellos war Kafka fasziniert von technischen Neuerungen, aber jemand wie er, der immer wieder über die Relativität von Zeit und Raum reflektierte, hing natürlich auch den eher dunklen Seiten dieser Errungenschaften nach. Sie beflügelten seine Phantasie: Der Stimme eines Menschen zu lauschen oder gar sein Diktat auszuführen, während dieser sich ganz woanders aufhält, vielleicht gar nicht mehr unter den Lebenden weilt? Die paradoxe Aktualität einer solchermaßen übermittelten Nachricht – es ist auch die Welt von Texten wie *Eine kaiserliche Botschaft*. Die Kommunikation zwischen Nähe und Ferne, das vergebliche Warten, die ungeheure Geschwindigkeit und das ewige Zuspätkommen: Chiffren der Moderne, die für Kafka Teil seiner Realität sind, die aber gleichzeitig in den fiktionalen Raum seines Schreibens eindringen.

Wer heute die Orte aufsuchen will, an die Kafkas ungeheure Flut von Briefen und Karten adressiert war, findet keine Gebäude aus der damaligen Zeit mehr vor. Die Firmenzentrale der Carl Lindström AG stand in einem Gebiet der Hauptstadt, das nach den Zerstörungen im Zweiten Weltkrieg ein ganz anderes Gesicht erhielt. Felice Bauers Büro bei der Firma Lindström befand sich in der heutigen Karl-Marx-Allee in einem Gebäude auf der rechten Seite (stadtauswärts) zwischen Koppenstraße und der heutigen Straße der Pariser Kommune.

Die Carl Lindström AG ging 1925 mehrheitlich in den Besitz des britischen Unternehmens Columbia über, das 1931 wiederum von der EMI aufgekauft wurde. Der Firmenname blieb bis 1972 erhalten, als die Carl Lindström GmbH und die Electrola GmbH in der EMI Electrola aufgingen.

Das rastlose Berlin

Berlin ruht nie, und köstlich ist das. Jeder erwachende Morgen bedeutet einen neuen angenehm-unangenehmen Überfall aufs Behagen, und das tut ihm gut, dem Bequemlichkeitssinn. Der Künstler besitzt, ungefähr wie das Kind, einen angebornen Hang zur schönen, edlen Faulpelzerei. Nun, in dieses Faulenzertum, in dieses Königtum, weht immer wieder frischer Ansporn-Sturmwind. Ins stille, feine Wesen fährt das grobe, laute und unfeine. Es verwischt sich da stets etwas, und das ist gut, es ist Berlin, und Berlin ist ausgezeichnet.
(Robert Walser, Berlin und der Künstler, 1910)

Der industrielle Aufschwung, der sich nach dem deutsch-französischen Krieg noch einmal verstärkte, ließ Berlin schnell wachsen: in die Höhe ebenso wie ins Umland. Der Aufstieg zum bedeutendsten deutschen Industrie- und Handelszentrum und die damit einhergehende schnelle Zunahme der Bevölkerung stellten auf der Ebene der technischen Stadtentwicklung und -versorgung Herausforderungen, wie sie in diesem Ausmaß bis dahin nur die europäischen Metropolen London und Paris gekannt hatten. Berlin hatte den Vorteil, auf deren Erfahrungen zurückgreifen zu können, was sich vor allem beim Bau von Verkehrswegen zeigte. Bis gegen Ende des 19. Jahrhunderts bewegte sich der einfache Stadtbewohner in der Regel zu Fuß. Als aber die großen Industriebetriebe zunehmend in die Randgebiete auswichen, stellte sich das Problem, die dort Beschäftigten schnell von ihrer Wohngegend zum Arbeitsplatz zu befördern. Innerhalb weniger Jahre entstanden innerstädtische Transportsysteme, die mit der Entwicklung elektrischer Antriebstechnik einen Höhepunkt erreichten. Die erste elektrisch betriebene Untergrundbahn fuhr in Berlin bereits im Jahr 1902, zwei Jahre nach deren Einführung in Paris, zwölf Jahre nach London. »In steter Zunahme und Vervollkommnung befinden sich die Verkehrsmittel, die in den letzten Jahren eine vollständige Umwälzung erfahren haben«, berichtet Leo Woerls *Führer durch Berlin* im Jahr 1904:

An Stelle der Pferdebahnen durchsausen jetzt die elektrischen Bahnen die Straßen, um und durch die Stadt dampfen die Züge der Stadtbahn auf gewaltigem Bau, unaufhörlich sich kreuzend; die neue elektrische Hoch- und Untergrundbahn, eine Sehenswürdigkeit ersten Ranges, durchquert die Stadt von Osten nach Westen (Charlottenburg) und vermittelt durch ihre schnellfahrenden Züge, die zwischen dem Potsdamer Platz und dem Westen achtzehnmal und zwischen dem Potsdamer Platz und dem Osten zwölfmal in der Stunde in jeder Richtung abgelassen werden, den bedeutendsten Reiseverkehr.

Das Leben in der Stadt nimmt innerhalb eines kurzen Zeitraums an Geschwindigkeit zu: Zugverkehr im Minutentakt. »Die Züge halten meist nur 1/2 Min., mithin ist Eile notwendig«, warnt Leo Woerl den Reisenden. Berlin als Metropole im Aufbruch in eine neue Zeit, in der das 19. Jahrhundert noch die Regeln bestimmt, in der das 20. aber längst begonnen hat. Schwindelerregend das Tempo, in dem ihre Bewohner zu Weltstädtern geworden sind, schwindelerregend aber auch die Eile, die das tägliche Leben bestimmt. Oskar Kokoschka erinnert sich:
Die Einzigartigkeit Berlins schien in der Bewegung zu liegen, deren Heftigkeit die Stadt den Passanten förmlich unter den Füßen wegriß. In meiner Erinnerung scheint Berlin wie ein Netz von Untergrundbahnen, Hochbahnen, Eisenbahnen und Straßenbahnen, Kolonnen von Lohnwagen, Autos, Motor- und Fahrrädern gewesen zu sein, dazu

die rotierenden Lichtreklamen, flimmernde haushohe Kinopaläste, Lautsprecher und Kaffeehausorchester, vielleicht auch Sechstagerennen, ich weiß es nicht mehr. Und über die Straßen fliegende Zeitungsfetzen! Dies alles hielt die Sinne Tag und Nacht wach.

Bei Kafka, dessen Ruhebedürfnis ebenso legendär ist wie sein Bekenntnis zur Natur und zu anthroposophischen Lebensformen, hielten sich Faszination und Erschrecken angesichts des Berliner Tempos offenbar die Waage. Fasziniert überlegt er, wie schnell sich die Distanz zwischen Prag und Berlin überwinden ließe: »Ich rechne oft zum Spiel, in wieviel Stunden könnte ich schnellstens, bei günstigsten Umständen bei Dir sein, in wieviel Stunden Du bei mir«, schreibt er der fernen Freundin, aber andererseits erschrickt er, wenn sie von der Eile dort berichtet, mit der sie aus der Elektrischen springt. Über die Berliner Verkehrsmittel und -wege zeigt er sich bestens informiert. Eingehend erkundigt er sich, welche der verschiedenen Möglichkeiten Felice Bauer für den Weg zur Arbeit oder zu Freizeitvergnügungen wählt, um sie in Gedanken begleiten zu können: »Schreibe mir Liebste nur immer, wo Du bist, wie Du gekleidet bist, wie es um Dich aussieht, wenn Du mir schreibst. Dein Brief aus der Elektrischen bringt mich in eine fast irrsinnige Nähe zu Dir.«

Für ihn selbst aber war natürlich die Eisenbahn das wichtigste Transportmittel. Berlin war Knotenpunkt für zwölf Fernbahnstrecken, auf denen man entweder zu einem der fünf Durchgangsbahnhöfe gelangte, die sowohl dem Fern- als auch dem Stadtbahnverkehr dienten, oder zu einem der fünf Kopfbahnhöfe. Der Bau von Eisenbahnen hatte das Stadtbild vollkommen verändert; die Viadukte der Hoch- und der Stadtbahn, die das kreuzungsfreie Schneiden anderer Verkehrswege ermöglichten, die Bahntrassen, die vielgleisig durch Wohnviertel gezogen wurden, vor allem aber die Fernbahnhöfe mit ihren riesigen eisernen Hallenkonstruktionen. Die größte dieser Hallen war einer der Sehnsuchtsorte des Reisenden aus Prag.

Der Anhalter Bahnhof

End- und Ausgangsbahnhof für Züge nach Dresden, Halle, Leipzig, München, Stuttgart, Frankfurt am Main, nach Basel, Wien und Prag war der Anhalter Bahnhof. Als Kafka dort am 3. Dezember 1910 erstmals eintraf, gehörte der Askanische Platz vor dem Bahnhof zu den elegantesten Plätzen der Stadt. In seinem Umfeld lagen einige der nobelsten Hotels Berlins und zahlreiche nicht ganz so luxuriöse, wie etwa der Askanische Hof, in dem Kafka auch in den folgenden Jahren immer wieder abstieg.

Der erste, 1841 eingeweihte Anhalter Bahnhof war zur Zeit der Reichsgründung längst nicht mehr den Anforderungen des zunehmenden Bahnverkehrs gewachsen, nach nur fünfjähriger Bauzeit wurde 1880 ein bis heute gerühmter Neubau eröffnet. Nach Entwürfen des Berliner Architekten Franz Schwechten (auf den auch die Kaiser-Wilhelm-Gedächtniskirche zurückgeht) entstanden im Neorenaissancestil, aus Backstein mit Terrakotta-Dekorationen ein imposantes Empfangsgebäude mit separaten Räumen für den Kaiser und eine Bahnsteighalle, die in ihren Ausmaßen dem heutigen Hauptbahnhof kaum nachsteht: 34 Meter hoch, 170 Meter lang, mit einer lichten Weite von 62 Metern. Zu ihrer Zeit die größte Halle des europäischen Kontinents, eine »Mutterhöhle der Eisenbahnen«, wie Walter Benjamin sie nannte. Ihr Konstrukteur war ein bekannter Schriftsteller, der Ingenieur Heinrich Seidel, Autor unter anderem des Romans

Die Halle des Anhalter Bahnhofs im Bau.

Leberecht Hühnchen, einem Bestseller des ausgehenden 19. Jahrhunderts.

Die Geschichte von Kafkas Beziehung zu Felice Bauer ist eng mit dem Anhalter Bahnhof verbunden. Der Bahnhof ist seine Auftritts- und Abschiedsbühne und als solche Ort der Hoffnung und der Enttäuschung. Denn vergeblich kündigte Kafka seiner Freundin und späteren Verlobten immer wieder seine genaue Ankunftszeit an, in der Hoffnung, sie würde ihn auf dem Bahnsteig in Empfang nehmen. Seine Enttäuschung läßt er nur selten laut werden, etwa wenn er eher beiläufig schreibt: »ich fürchte mich vor dem Bahnsteig, wo ich den Hals verdreht habe, ich fürchte mich vor dem Eingang des Bahnhofs, wo ich den anfahrenden Automobilen entgegengesehen habe«. So einsam wie die Ankunft war auch jedesmal die Abreise von Berlin. Offenbar lagen Felice Bauer gefühlige Szenen im öffentlichen Raum nicht. In dieser Hinsicht geäußert hat sie sich nie – sie erschien einfach nicht, wie eine Bemerkung Kafkas vermuten läßt: »Mir ist fast so, als stünde ich auf dem Perron des Anhalter Bahnhofes, Du wärest ausnahmsweise gekommen, ich hätte Dein Gesicht vor mir und sollte mich für immer von Dir verabschieden.«

Der Anhalter Bahnhof um 1912.

Von dem gigantischen Bauwerk des Anhalter Bahnhofs steht heute nur noch der traurige Rest des Eingangsbereichs. Trotz starker Zerstörungen im Februar 1945 standen bei Kriegsende die vier Hallenwände noch, und der Bahnhof galt als wiederaufbaufähig. Der Zugverkehr wurde wieder aufgenommen, beschränkte sich aber auf wenige Fern- und Personenzüge in die sowjetische Besatzungszone, später in die DDR. Ab 1951 nahm der Schienenverkehr allerdings ab und kam schließlich, nachdem die Deutsche Reichsbahn der DDR die Anschlüsse abgekoppelt hatte, völlig zum Erliegen. Trotz starker Vorbehalte von Fachleuten wurde die Halle 1959 gesprengt. Erhalten blieb nur der Portikus mit einem Teil der überdachten Vorfahrt sowie das dahinterliegende Brachgelände der weiträumigen, längst zugewachsenen Gleisanlagen. Und die Terrakotta-Formteile des Kaiserportals – sie können heute im Deutschen Technikmuseum besichtigt werden.

Berlin-Pläne

Wenn es möglich wäre, nach Berlin zu gehn, selbstständig zu werden, von Tag zu Tag zu leben, auch zu hungern, aber seine ganze Kraft ausströmen lassen statt hier zu sparen oder besser sich abzuwenden in das Nichts! Wenn F*elice* es wollte, mir beistehn würde! *(Tagebuch, 5. April 1914)*

Im Frühjahr 1914, die Beziehung zu Felice Bauer hat gerade eine erste Phase der Entfremdung überstanden, überlegt Kafka, welche Alternative sich zur Heirat und zu einem Leben mit ihr in Prag bietet. Und überhaupt: Will er wirklich sein bisheriges Leben fortsetzen, als verheirateter Mann mit der gesicherten Position eines Versicherungsbeamten, mit einer Frau, die ihre Berufstätigkeit aufgegeben hat und darauf wartet, daß er nach Büroschluß nach Hause kommt, die überdies ihr geliebtes Berlin gegen Prag eingetauscht hat? Das widerspräche allem, was er sich von der Zukunft erhofft, einer Zukunft, in der Berlin als Ort, an dem er als freier Schriftsteller leben will, längst eine entscheidende Rolle für ihn spielt. In seinem Tagebuch hält Kafka Zwiesprache:

Was willst Du also tun?
    Von Prag weggehn. Gegenüber diesem stärksten menschlichen Schaden, der mich je getroffen hat, mit dem stärksten Reaktionsmittel, über das ich verfüge, vorgehn.
    Den Posten verlassen?
    Der Posten ist ja nach dem Obigen ein Teil der Unerträglichkeit. Ich verliere nur eine Unerträglichkeit. Die Si-

cherheit, das auf Lebensdauer Berechnete, der reichliche Gehalt, die nicht vollständige Anspannung der Kräfte – das sind doch lauter Dinge, mit denen ich als Junggeselle nichts anfangen kann, die sich zu Qualen verwandeln.
Was willst Du also tun?
Ich könnte alle derartigen Fragen mit einemmal beantworten, indem ich sage: ich habe nichts zu riskieren, jeder Tag und jeder geringste Erfolg ist ein Geschenk, alles was ich tue wird gut sein. Aber ich kann auch genauer antworten. Als österreichischer Jurist, der ich ja im Ernst gar nicht bin, habe ich keine für mich brauchbaren Aussichten; das beste, was ich für mich in dieser Richtung erreichen könnte, besitze ich ja in meiner Stelle und kann es doch nicht brauchen. Übrigens kämen für diesen an sich ganz unmöglichen Fall, daß ich aus meiner juristischen Vorbildung etwas für mich herausschlagen wollte, nur 2 Städte in Betracht: Prag aus dem ich weg muß, und Wien, das ich hasse und in dem ich unglücklich werden müßte, denn ich würde schon mit der tiefsten Überzeugung von der Notwendigkeit dessen hinfahren. Ich muß also außerhalb Österreichs undzwar, da ich kein Sprachentalent habe und körperliche sowie kaufmännische Arbeit nur schlecht leisten könnte, wenigstens zunächst nach Deutschland und dort nach Berlin, wo die meisten Möglichkeiten sind, sich zu erhalten. Dort kann ich auch im Journalismus meine schriftstellerischen Fähigkeiten am besten und unmittelbarsten ausnützen und einen mir halbwegs entsprechenden Gelderwerb finden. Ob ich etwa gar noch darüber hinaus fähig zu inspirierter Arbeit sein werde, darüber kann ich mich jetzt auch nicht mit der geringsten Sicherheit aussprechen. Das aber glaube ich bestimmt zu wissen, daß ich aus dieser selbstständigen und freien Lage, in der ich in Berlin sein werde, (sei sie im übrigen auch noch so elend) das einzige Glücksgefühl ziehen werde, dessen ich jetzt noch fähig bin.
Du bist aber verwöhnt
Nein, ich brauche ein Zimmer und vegetarische Pension, sonst fast nichts.
Fährst Du nicht F.'s wegen hin
Nein, ich wähle Berlin nur aus den obigen Gründen, allerdings liebe ich es auch und vielleicht liebe ich es wegen F. und wegen des Vorstellungskreises um F.; das kann ich nicht kontrollieren. Es ist auch wahrscheinlich, daß ich in Berlin mit F. zusammenkommen werde. Wird mir dieses

Zusammensein dazu verhelfen, F. aus meinem Blut hinauszubekommen: desto besser, es ist dann ein weiterer Vorteil von Berlin. *(9. März 1914)*

Das abgesicherte Leben in Prag gegen das Wagnis einer unsicheren Existenz einzutauschen – der ewig zweifelnde Kafka spielt mit dem Gedanken, Berlin zum Prüfstein für alle Ambitionen und Erwartungen zu machen, an dem sich sein ganz persönliches Schicksal erweisen soll. Er ist nicht der einzige Künstler seiner Generation, der solche Überlegungen anstellt. Robert Walser schreibt nur wenig später:

Ich bilde mir ein, daß Berlin die Stadt sei, die mich entweder stürzen und verderben oder wachsen und gedeihen sehen soll. Eine Stadt, wo der rauhe, böse Lebenskampf regiert, habe ich nötig. Eine solche Stadt wird mir gut tun, wird mich beleben. Eine solche Stadt wird mich begünstigen und zugleich bändigen. Eine solche Stadt wird mir zum Bewußtsein bringen, daß ich vielleicht nicht gänzlich ohne gute Eigenschaften bin. In Berlin werde ich in kürzerer oder längerer Zeit zu meinem wahrhaftigen Vergnügen erfahren, was die Welt von mir will und was meinerseits ich selber von ihr zu wollen habe. *(Robert Walser, Würzburg, 1915)*

Kafkas Hoffnungen waren nicht unbegründet: Viele seiner Freunde und Bekannten lebten bereits in Berlin, neue Kontakte hatten sich seit dem Erscheinen seines Buches *Betrachtung* zum Jahreswechsel 1912/13 ergeben. Robert Musil hatte ihm gerade die Mitarbeit an der Zeitschrift *Die neue Rundschau* angeboten, Paul Wiegler, der ehemalige Feuilletonredakteur der Prager Tageszeitung *Bohemia,* war im Jahr zuvor zur *Berliner Morgenpost* gewechselt, Egon Erwin Kisch war als Korrespondent nach Berlin gegangen, der Arzt und Schriftsteller Ernst Weiß hatte sich dort niedergelassen, Franz Blei, der als erster Texte Kafkas publiziert hatte, lebte dort – die Voraussetzungen für ein gutes Netzwerk waren gegeben, ganz zu schweigen von den Kontakten, die darüber hinaus sein Freund Max Brod noch vermitteln konnte.

Bevorzugter Treffpunkt dieser Boheme ist über viele Jahre das Café des Westens am Kurfürstendamm 18/19, Ecke Joachimsthaler Straße, oft auch Café Größenwahn genannt. Aber bereits vor Ausbruch des Weltkriegs wechselt sie ins Romanische Café am Kurfürstendamm 238, gegenüber der Gedächtniskirche (heute steht an dieser Stelle das Europa-Center), das Erich Kästner als »Wartesaal der Talente« bezeichnet hat. Hier tauschten sich Literaten und Künstler anderer Genres aus, für viele war es auch Arbeitsplatz. Kafka allerdings hätte es am Ende wohl einige Überwindung gekostet, diese Nachrichtenbörse des literarischen Lebens regelmäßig aufzusuchen. »Dummes Litteraturgeschwätz« war ihm verhaßt, das Café des Westens blieb ihm als »das rauchige, von lauter Fremden, die einander kannten, überfüllte Lokal« in Erinnerung, das Romanische Café, in dem er möglicherweise nie gewesen ist, hätte er vielleicht wie sein Bekannter aus Prager Jugendtagen, der Maler Friedrich Feigl, als »Gruft« empfunden. Seine Überlegungen gingen wahrscheinlich in ähnliche Richtung wie die Oskar Kokoschkas, der angesichts seines Wechsels nach Berlin überlegte:

Wie wäre es, wenn man dort, im Reich voller Versprechungen goldener Dinge, mittels energischer Propaganda über Gruppen und Klüngel hinweg seine eigene individuelle Leistung durchzusetzen versuchte – wie alle Welt, wie auch die Spitzen der Gesellschaft im wirtschaftlichen Kampf.

Kafka will diesen wirtschaftlichen Kampf versuchen, er ist überzeugt, daß ihm Berlin guttun, daß es eine stärkende Wirkung auf ihn haben wird. Allerdings fürchtet er auch das Risiko des Versagens angesichts der Herausforderung, die Abhängigkeit von Inspiration und künstlerischem Gelingen, wie er Felices

Freundin Grete Bloch gesteht: »ich habe meine Fähigkeit des Schreibens gar nicht in der Hand. Sie kommt und geht wie ein Gespenst.« Die Berlinerin Felice Bauer stellt schließlich ihren Mut unter Beweis und nimmt ihm die Entscheidung ab, als sie sich trotz seiner Warnungen entschließt, seinen Antrag anzunehmen und das Wagnis einer Heirat mit ihm einzugehen. Prag hat damit den Vorrang gegenüber Berlin erhalten, aber Kafka bekennt, für den Fall, daß sie seinen Antrag abgelehnt hätte, habe sein Entschluß festgestanden:

Dieser Entschluß bestand darin, daß ich für den Fall, als ich F. nicht geheiratet hätte, meinen Posten hier aufgegeben oder, wenn es möglich gewesen wäre, einen längern Urlaub ohne Gehalt genommen hätte und nach Berlin gegangen (nicht wegen F. sondern wegen Berlin und seiner vielen Möglichkeiten) und Journalist oder sonst etwas ähnliches geworden wäre. *(An Grete Bloch, 15. April 1914)*

Verlobt – Entlobt

Am Ostersonntag 1914 besteigt Franz Kafka um 12 Uhr 35 einen Zug nach Berlin. Er fährt die Moldau entlang mit Station in Kralup (Kralupy) um 13 Uhr 02; dann weiter entlang der Elbe nach Raudnitz (Roudnice) um 13 Uhr 35, Theresienstadt-Bauschowitz (Terezín/Bohušovice) um 13 Uhr 47, Lobositz (Lovosice) um 13 Uhr 55, Aussig (Ústí) um 14 Uhr 15; die Zoll-Kontrollstation Tetschen-Bodenbach (Děčín) erreicht er um 14 Uhr 40 und nach der Weiterfahrt durch das wild-romantische Elbesandsteingebirge um 15 Uhr 52 Dresden. Drei Stunden später, um 18 Uhr 51 trifft er auf dem Anhalter Bahnhof ein. Er geht die wenigen Schritte zum Hotel Askanischer Hof – in dem abzusteigen für ihn inzwischen schon zur Tradition geworden ist – und bezieht dort sein reserviertes Zimmer. Um 19 Uhr 30 holt ihn Felice Bauer ab, gemeinsam gehen sie Richtung Potsdamer Platz.

Ob sie zunächst einen Spaziergang im Tiergarten machten und anschließend in ein Lokal gingen, ist nicht überliefert. Nur, daß sich das Paar an diesem Abend ausgesprochen und in der Nähe des Josty, wie Kafka später einem Bekannten berichtete, verlobt hat. Am nächsten Tag, dem 13. April, besuchte Kafka die Familie Bauer in ihrer Wohnung in der Wilmersdorfer Straße und hielt bei Carl Bauer um die Hand der Tochter an. Sie wurde ihm großzügig gewährt – die Verlobung des Prager Versicherungsbeamten und Schriftstellers mit der tüchtigen Berlinerin war perfekt. Allerdings: Sie hielt nur wenige Wochen, wurde bereits am 12. Juli 1914 im Askanischen Hof wieder gelöst.

Das Hotel Askanischer Hof in der Königgrätzer Straße 21 wurde von zeitgenössischen Reiseführern als Hotel zweiten Ranges empfohlen. Es wies ein eigenes Restaurant und eine Gartenterrasse auf, die 50 Zimmer kosteten zwischen 2,50 und 6 Mark, Frühstück 1 Mark. Es lag zwischen dem Askanischen und dem Potsdamer Platz, schräg gegenüber der Einmündung der Prinz-Albrecht-Straße mit dem Museum für Völkerkunde (das heute nicht mehr steht) und dem Kunstgewerbemuseum (dem heutigen Gropius-Bau). Kafka wählte es vermutlich für seine Aufenthalte in Berlin, weil es für ihn äußerst günstig lag: Vom Anhalter Bahnhof aus – auf dem die Züge aus Richtung Dresden ankamen – konnte er es zu Fuß erreichen; der ebenso nahe Potsdamer Platz war – neben den sich dort bietenden Attraktionen – eine zentrale Station für zahlreiche innerstädtische Verkehrsverbindungen. Und später war es für ihn aufs engste mit den Höhen und Tiefen der Beziehung mit Felice Bauer verbunden: Hier hoffte er bei seiner Ankunft, wenn schon nicht sie selbst, so doch zumindest eine Nachricht vorzufinden; hier wartete er auf telefonische Rückrufe und Boten. Er schreibt über sein Lieblingshotel:

Ich bin in Glück und Unglück so mit ihm verwachsen, ich habe dort förmlich Wurzeln zurückgelassen, an die ich mich förmlich, wenn ich wiederkomme, ansetze. Man liebt mich auch dort. Allerdings ist es ein wenig unbequem eingerichtet, auch genug teuer, aber – ich bleibe dabei – mir doch das liebste. *(An Felice Bauer, 25. Mai 1914)*

Die Königgrätzer Straße heißt heute – wie bereits Anfang der 1930er Jahre – Stresemannstraße und hat bis auf wenige Gebäude, welche die Zerstörun-

Ein von Kafka verwendeter Briefkopfbogen des Hotels.

gen im Zweiten Weltkrieg überdauert haben, ihr Gesicht ebenso verändert wie der Askanische und der Potsdamer Platz. Kafkas bevorzugtes Hotel sucht man dort vergeblich, es wurde durch Bombenangriffe zerstört. Sein Besitzer eröffnete es nach dem Krieg im Haus Kurfürstendamm 171, wo es bis 1982 existierte. Seit April 1983 führt eine ehemalige Mitarbeiterin das Hotel unter dem alten Namen am Kurfürstendamm 53 in den Räumen der ehemaligen Pension Continental. Von den Originalmöbeln ist heute nichts mehr erhalten, in Kafkas Bett kann man dort also nicht schlafen. Vielleicht aber beim Licht einer Lampe lesen oder schreiben, die ihm bei einem seiner Besuche gedient hat.

In Kafkas Erinnerung wird es mehr das Unglück als das Glück gewesen sein, das für ihn mit dem Askanischen Hof verbunden war: Dort fand am 12. Juli 1914 jene Aussprache mit Felice Bauer statt, die Kafka als eine Art Gericht empfand und die einen Impuls für die Entstehung des Romans *Der Process* geliefert hat. Die zurückliegenden Wochen über hatte Kafka sich in Briefen an Felices Freundin Grete Bloch zunehmend skeptisch über die Aussichten einer Ehe geäußert. Er bezweifelte, daß seine Verlobte sich vollständig im klaren darüber war, was ein Zusammenleben mit ihm in Prag bedeuten würde, mit einem tagsüber ins Büro, nachts an den Schreibtisch verschwindenden Ehemann. Seine und Felices Vorstellungen von einer gemeinsamen Zukunft waren ihm unvereinbar erschienen. Grete Bloch, die sowohl Kafka als auch ihre Freundin zur Verlobung gedrängt hatte, sah sich plötzlich in der Verantwortung, ein heraufziehendes Desaster zu verhindern, und gab Felice Bauer Kafkas Briefe zu lesen. Seine darin enthaltenen Äußerungen müssen eine niederschmetternde Wirkung gehabt haben; sie veranlaßten Felice Bauer, Kafka, als er am 12. Juli nach Berlin kam, im Beisein ihrer Schwester Erna und Grete Blochs im Askanischen Hof zur Rede zu stellen.

Der Gerichtshof im Hotel. Die Fahrt in der Droschke. Das Gesicht Felices. Sie fährt mit den Händen in die Haare, wischt die Nase mit der Hand, gähnt. Rafft sich plötzlich auf und sagt gut Durchdachtes, lange Bewahrtes, Feindseliges. Der Rückweg mit Frl. Bloch. Das Zimmer im Hotel, die von der gegenüberliegenden Mauer reflektierte Hitze. Auch von den sich wölbenden Seitenmauern, die das tiefliegende Zimmerfenster einschließen, kommt Hitze. Überdies Nachmittagssonne. Der bewegliche Diener, fast ostjüdisch. Lärm im Hof, wie in einer Maschinenfabrik. Schlechte Gerüche. Die Wanze. Schwerer Entschluß sie zu zerdrükken. Stubenmädchen staunt: es sind nirgends Wanzen, nur einmal hat ein Gast auf dem Korridor eine gefunden. *(Tagebuch, 23. Juli 1914)*

Kafkas Tagebucheintragung vermittelt, wie deprimiert er nach diesem Ereignis war. Dabei stand ihm noch ein weiterer schwerer Gang bevor: Nach Charlottenburg, zu den Eltern Felice Bauers. Man bringt die Auflösung der Verlobung mit Anstand hinter sich; die Eltern zeigen Verständnis, man verabschiedet sich in gutem Einvernehmen. Als Kafka das Haus in der Wilmersdorfer Straße verläßt, winken ihm die Mutter und eine Tante Felice Bauers auf seinem letzten Gang durch die Mommsenstraße vom Balkon nach.

Den Abend des Tages seiner Entlobung verbringt Kafka allein. Es ist heiß in Berlin, einer dieser typischen Sommerabende, an denen es alle in die Biergärten, in Parks und auf die Boulevards zieht. Kafka nimmt das Abendessen im Restaurant seines Hotels zu sich:

Abend im Garten des »Askanischen Hofes«. Gegessen Reis à la Trautmannsdorf und einen Pfirsich. Ein Weintrinker beobachtet mich wie ich den kleinen unreifen Pfirsich mit dem Messer zu zerschneiden versuche. Es gelingt nicht. Aus Scham lasse ich unter den Blicken des Alten vom Pfirsich überhaupt ab und durchblättere 10mal die »fliegenden Blätter«. Ich warte, ob er sich nicht doch abwenden wird. Endlich nehme ich alle Kraft zusammen und beiße ihm zu Trotz in den ganz saftlosen teueren Pfirsich. In der Laube neben mir ein großer Herr, der sich um nichts kümmert, als um den Braten, den er sorgfältig aussucht und um den Wein im Eiskübel. Endlich zündet er sich eine große Zigarre an, ich beobachte ihn über meine »Fliegenden Blätter« hinweg. *(Tagebuch, 27. Juli 1914)*

Danach macht er einen Spaziergang über jene Hauptstraße, die laut Griebens Reiseführer eine Ausnahme vom rastlosen Treiben Berlins macht: Unter den Linden.

Hier sieht man Menschen, die Zeit haben, die des Vergnügens halber da sind. Zum großen Teil sind es Fremde; sie schlendern vorzugsweise die südliche (vom Brandenburger Tor aus rechte) Seite entlang, die eleganten Läden, die Passanten und die Wagen musternd. Wer Glück hat, kann auch den Kaiser im gelben Auto, weithin kenntlich durch den Dreiklang des Hupensignals und die Kaiserstandarte, schnell vorbeifahren sehen.

In der Zeit vor dem Ersten Weltkrieg war Kaiser Wilhelm II. – wie schon der zu Beginn zitierte Egon Erwin Kisch bei seiner Ankunft in Berlin bemerkte – die das gesamte öffentliche Leben beherrschende Persönlichkeit. Auf ihn konzentrierte sich die Aufmerksamkeit im Reich und in Berlin. Jedes Schulkind feierte am 27. Januar Kaisers Geburtstag und sang nach der Melodie von *Üb immer Treu und Redlichkeit*:

Der Kaiser ist ein lieber Mann
und wohnt in Berlin,
und wär es nicht so weit von hier,
so lief ich heut noch hin.

Und was ich bei dem Kaiser wollt,
ich reicht ihm meine Hand
und reicht die schönsten Blumen ihm,
die ich im Garten fand.

Und sagte dann:
»Aus treuer Lieb
bring ich die Blumen dir«,
und dann lief ich geschwind hinfort
und wär bald wieder hier.

Der Wunsch, dem lieben Mann und guten Herrscher einmal nahe zu kommen, wurde aber nicht nur den Kleinsten eingegeben, er bestand dank einer umfassenden imperialen Inszenierung in gleicher Weise bei vielen erwachsenen Untertanen. Neben den allgemein beliebten Ausflügen ins Grüne gehörte es zu den Berliner Sonntagsritualen, mit der Familie Unter die Linden zu gehen, in der Hoffnung, den Kaiser zu sehen. Kam er tatsächlich, löste er Begeisterung aus, Männer nahmen ihre Kopfbedeckungen ab, man jubelte ihm zu. Das Tatütata der kaiserlichen Autohupe war so bekannt, daß es sogar in die bereits erwähnte Operette *Das Autoliebchen* aufgenommen wurde. Ein perfekter Ablauf – Truppenparaden, gemeinsamer Kirchgang mit der stattlichen Schar der Söhne (natürlich alle in Uniform), Einweihungs- und Eröffnungszeremonien, alles häufig auch über Wochenschauen im Reich verbreitet – machte den Kaiser in der friedlichen Zeit vor 1914 zu einem Superstar, den gesehen zu haben sich jeder Berlintourist rühmen wollte.

Unter den Linden im Sommer 1914.

An jenem Abend Unter den Linden dürfte Kafka der Kaiser allerdings herzlich egal gewesen sein. Selbst wenn er vorbeigefahren wäre, hätte der frisch Entlobte ihn wohl kaum wahrgenommen. Unter den Linden war er nach diesem ereignisreichen Tag ganz in seine melancholischen Betrachtungen vertieft:

Abend allein auf einem Sessel unter den Linden. Leibschmerzen. Trauriger Kontrolleur. Stellt sich vor die Leute, dreht die Zettel in der Hand und läßt sich nur durch Bezahlung fortschaffen. Verwaltet sein Amt trotz aller scheinbaren Schwerfälligkeit sehr richtig, man kann bei solcher Dauerarbeit nicht hin- und herfliegen, auch muß er sich die Leute zu merken versuchen. Beim Anblick solcher Leute immer diese Überlegungen: Wie kam er zu dem Amt, wie wird er gezahlt, wo wird er morgen sein, was erwartet ihn im Alter, wo wohnt er, in welchem Winkel streckt er vor dem Schlaf die Arme, könnte ich es auch leisten, wie wäre mir zumute. *(Tagebuch, 23. Juli 1914)*

Flußbad an der Jannowitz-Brücke und Restaurant Belvedere, 1906

Die Berliner Julihitze hält an, und Kafka geht am nächsten Tag wieder ins Flußbad An der Stralauer Brücke (heute: Rolandufer), das er bereits am Tag zuvor besucht hat. Später trifft er sich mit Erna Bauer, die fast seine Schwägerin geworden wäre, im benachbarten Restaurant Belvedere. Sie trinken Wein auf der Terrasse über der Spree, mit Blick auf die Jannowitz-Brücke, und trösten sich gegenseitig.

Gegen Abend fahren sie gemeinsam mit der Straßenbahn zum Lehrter Bahnhof (an dessen Stelle der heutige Hauptbahnhof steht), von wo Kafka mit dem Zug zum geplanten Urlaub an die Ostsee fährt. In den knapp zwei Wochen, die er in Lübeck, in Travemünde und im Ferienort Marielyst auf der dänischen Insel Falster verbringt, denkt er über seine Zukunft nach, über den bereits vor der Verlobung erwogenen Plan, Prag zu verlassen.

Die Rückreise von der Ostsee führt ihn wieder über Berlin, wo er vom Lehrter zum Anhalter Bahnhof wechseln muß. Kafka weiß noch nicht, daß es auf Jahre der letzte Aufenthalt in der Stadt sein wird.

Zwei Tage nach seiner Rückkehr nach Prag beginnt der Erste Weltkrieg, und als Militärpflichtiger wird er keine Erlaubnis zur Grenzüberschreitung mehr bekommen, nicht einmal nach der zweiten Verlobung mit Felice Bauer. Fürs erste müssen die Erinnerungen reichen und die Hoffnung auf eine Zukunft nach Kriegsende. Bis dahin reist Franz Kafka in Gedanken nach Berlin. Bei seinem nächsten Besuch wird man dann schon das Jahr 1923 schreiben und in Berlin Walter Kollos Schlager aus der Haller-Revue im Admiralspalast singen:

Solang noch unter'n Linden
Die alten Bäume blühn,
Kann nichts uns überwinden,
Berlin, du bleibst Berlin.
Wenn keiner treu dir bliebe,
Ich bleib' dir ewig grün,
Du meine alte Liebe,
Berlin bleibt doch Berlin.

Kafka kam nur bis Bodenbach

Nach einer Unterbrechung von mehr als drei Monaten nimmt Felice Bauer im Oktober 1914 wieder Kontakt zu Kafka auf. Sie denken über den Hintergrund des Scheiterns ihrer Verlobung nach, und es zeigt sich, daß Berliner Gepflogenheiten und Besonderheiten eine nicht unwesentliche Rolle dabei gespielt haben. Der Kontrast zwischen allem, was Berlin zur exemplarischen Metropole der Moderne macht, und den erstarrten Konventionen einer vergangenen, im 20. Jahrhundert längst anachronistischen Epoche sind dem durch Prager und Habsburger Verhältnisse sensibilisierten Kafka nicht entgangen. Mehr noch: ihr drohender Einfluß auf sein ganz persönliches Leben hat ihn – neben den hinlänglich bekannten Zweifeln an der Unvereinbarkeit von Schriftstellerdasein und Ehe- oder Familienleben – vor der Heirat zurückschrecken lassen. Anders als der Tourist, der nur die strahlende Fassade einer Stadt im Aufbruch in ein neues Zeitalter mitbekommt, hat er aufgrund seiner persönlichen Verbindung die Konflikte und Brüche unter der Oberfläche sehen können. Das freie Großstadtleben auf der einen Seite, selbstbewußte junge Frauen, die im Geschäftsleben eine Rolle übernehmen und unbefangen von den Vergnügungsmöglichkeiten der Metropole Gebrauch machen, gesellschaftliche Aufstiegschancen einer modernen Industriegesellschaft für jeden, der sie zu nutzen versteht. Auf der anderen Seite die in Floskeln und Ritualen erstarrten Regeln einer Oberschicht, die vom Kleinbürgertum in seinem Drang nach gesellschaftlichem Aufstieg bedenkenlos übernommen werden.

Die Auswirkungen der daraus resultierenden Doppelmoral führte die Familie Bauer geradezu exemplarisch vor: Felices Vater hatte seine Frau und die fünf Kinder verlassen, über Jahre mit einer Geliebten zusammengelebt und war erst nach deren Tod zur Familie zurückgekehrt. Die Schwangerschaft von Felices unverheirateter Schwester Erna wurde vor der eigenen Familie geheimgehalten, Felice half ihr, eine dienstliche Verpflichtung in Hannover vorzutäuschen, wo sie ihr Kind zur Welt brachte, es in eine Pflegefamilie gab und pünktlich zur Verlobung des Bruders wieder im Familienkreis in Erscheinung treten konnte. Der bewunderte Bruder, dem durch die Heirat mit der Tochter seines Chefs eine glänzende Zukunft bevorstand, konnte den finanziellen Verlockungen seiner Sonderstellung in der Firma nicht widerstehen, wurde, nachdem die Unterschlagungen aufgefallen waren, schleunigst nach Amerika geschickt, bevor der Skandal öffentlich wurde. Grete Bloch, selbstbewußte Berlinerin wie ihre Freundin Felice, unverheiratet, in ihrem Beruf ungemein erfolgreich, war zur Zeit ihrer Korrespondenz mit Kafka schwanger, brachte ihr Kind auf ähnliche Weise wie Erna Bauer zur Welt, gab es ebenfalls in eine Pflegefamilie.

Typische Vorkommnisse im damaligen Berlin – Kafka erfuhr davon allenfalls zwischen den Zeilen. Was ihm präsentiert wurde, war die heile Welt der Tüchtigen, der ›tadellos‹ prosperierenden Mittelschicht. Die Fassade mußte um jeden Preis gewahrt bleiben, dazu dienten die übernommenen Rituale der Oberschicht, der Empfangstag zur Verlobung, die korrekte Anzeige des Ereignisses, die Einladungskarten, die korrekte Kleidung. Und auch bei der Planung der auf die Verlobung folgenden weiteren Schritte stand fest: Anmietung einer standesgemäßen Wohnung, Kauf von nicht minder standesgemäßem Mobiliar. Für Felice Bauer bedeutete dies unbedingt: nach gutbürgerlichem Berliner Standard. Nicht ohne Spott beschreiben die Autoren des Handbuchs *Berlin und die Berliner*, wie das aussah:

Sehr beliebt ist in Berlin die Einrichtung der Zimmer in verschiedenen historischen Stilen, während der moderne Stil, wie ihn Süddeutschland, vor allem Darmstadt, München und Wien aufgebracht haben, bisher noch nicht für ganz »fein« gilt. […] Die augenblickliche Mode ist durch die Leidenschaft der reichen Berliner für antike Möbel, die in zahlreichen kleinen Spezialgeschäften mehr oder weniger echt zu finden sind, beherrscht.

Man stellt in den Salon französische Kommoden und Konsolen im Stile Boules, hängt an die Wand alte und antike gerahmte Stiche und läßt diesem Stil entsprechende Sessel machen, wenn man sich nicht mit ungefähr ähnlichen oder gar modernen Stühlen begnügt; die Mischung macht sich im letztern Fall gar nicht schlecht.

In das Speisezimmer stellt man statt des Büfetts große Danziger Barockschränke, einen Renaissancetisch, eine Truhe, dazu aber auch ein englisches Teetischchen, Stühle von Vandevelde.

Das Herrenzimmer läßt man, um aus der Wohnung ein vollständiges Museum zu machen, bis ins kleinste Möbel etwa im Stile strenger Kirchengotik dekorieren.

Das Ganze erzeugt dann manchmal einen etwas parvenuhaften Eindruck und trägt sicherlich dazu bei, daß die Reichshauptstadt in diesem Sinne bei der Provinz und dem Auslande verrufen ist; aber mit eben diesen Mitteln bestreitet der geschmackvolle Berliner oder sein Dekorateur oft die reizvollsten Gesamtwirkungen.

Armer Kafka! Ohnehin seit seiner Studentenzeit ein Anhänger der Reformbewegung, hatte er die Möbel der Deutschen Werkstätten für sich entdeckt, in Hellerau, wo sie hergestellt wurden, und in Berlin: In der Königgrätzerstraße 22, direkt neben seinem Hotel, hatten die Deutschen Werkstätten eine Verkaufsstelle. Kafka hielt die durchweg innovativen, vielfach preisgekrönten Möbel – es waren die weltweit ersten serienmäßig produzierten – »wirklich für die besten, ich meine für die anständigsten, einfachsten«. Die Vorstellungen, mit denen Felice Bauer nach der Verlobung herausrückte, und die Möbel, die sie ihm in Berlin zeigte, machten ihm dagegen Angst, wie er einmal im Rückblick bekennt:

Schwere Möbel, die einmal aufgestellt, kaum mehr wegzubringen schienen. Gerade ihre Solidität schätztest Du am meisten. Die Kredenz bedrückte mir die Brust, ein vollkommenes Grabdenkmal oder ein Denkmal Prager Beamtenlebens. Wenn bei der Besichtigung irgendwo in der Ferne des Möbellagers ein Sterbeglöckchen geläutet hätte, es wäre nicht unpassend gewesen. *(An Felice Bauer, Mitte Februar 1916)*

Von der selbstbewußten Berlinerin, die bei der ersten Begegnung auf so atemberaubende Weise das Flair der modernen Metropole verbreitet hatte, hatte Kafka offenbar anderes erwartet.

Über die Gründe für das Scheitern seiner Beziehung zu Felice Bauer hat Kafka bereits während der Ferien an der Ostsee, in die er nach der Auflösung der Verlobung wie ursprünglich geplant gefahren ist, ausführlich nachgedacht. Hier verfestigt sich auch der Plan, den er bereits im Frühjahr 1914 als Alternative zur Heirat entwickelt hatte: Er will Prag verlassen, die Beamtenstellung aufgeben und als freier Schriftsteller arbeiten – am liebsten natürlich in Berlin. Sein Erspartes reiche aus, wenn nötig auch zwei Jahre ohne Einkünfte zu überstehen, schreibt er aus den Ferien an seine Eltern:

Diese 2 Jahre ermöglichen mir litterarisch zu arbeiten und das aus mir herauszubringen, was ich in Prag zwischen innerer Schlaffheit und äußerer Störung in dieser Deutlichkeit, Fülle und Einheitlichkeit nicht erreichen könnte. Diese litterarische Arbeit wird es mir ermöglichen, nach

Ein großbürgerliches Zimmer der wilhelminischen Zeit.

diesen 2 Jahren von eigenem Verdienst zu leben und sei es auch noch so bescheiden. Sei es aber auch noch so bescheiden, es wird unvergleichlich sein zu dem Leben, das ich jetzt in Prag führe und das mich dort für späterhin erwartet. *(21. Juli 1914)*

»Es gibt zwei Mittel, heiraten oder Berlin, das zweite ist sicherer, das erste unmittelbar verlockender«, hatte Kafka im März 1914 mit Blick auf die Beseitigung der Hemmung geschrieben, von der er sein Leben beeinträchtigt sah. Von der sicheren Alternative ist er jetzt völlig überzeugt: »Ich habe nichts zu riskieren und alles zu gewinnen, wenn ich kündige und von Prag fortgehe. Ich riskiere nichts, denn mein Leben in Prag führt zu nichts Gutem«, schreibt er in dem Brief an die Eltern. Ob diese seine Einschätzung akzeptiert, ihn unterstützt und bestärkt hätten, bleibt offen. Als Kafka aus den Ferien nach Prag zurückkehrt, stehen andere Sorgen im Vordergrund, der Erste Weltkrieg beginnt, und an eine Übersiedlung nach Berlin ist zunächst nicht zu denken. Sein Plan aber bleibt bestehen, wenn auch mit dem erzwungenen Aufschub: »Gewiß will ich mich

Ein mit Möbeln der Deutschen Werkstätten eingerichtetes Zimmer.

nach dem Krieg anders einrichten«, schreibt Kafka im Dezember 1915 an Felice Bauer. »Ich will dann nach Berlin übersiedeln, trotz aller beamtenmäßigen Zukunftsfurcht, denn hier geht es nicht weiter.« Zwischen den Entlobten ist es zu diesem Zeitpunkt längst wieder zu einer Annäherung gekommen, sie schreiben einander wieder regelmäßig und sie haben sich dreimal getroffen, wegen der Schwierigkeiten für Kafka, eine Erlaubnis zum Grenzübertritt zu bekommen, jedesmal auf österreichischem Gebiet, im Grenzort Bodenbach, in der böhmischen Schweiz und in Karlsbad.

Mit dem Krieg war die festgefügt erscheinende Ordnung ins Wanken geraten, in Prag wie in Berlin, und das um so mehr, je länger er dauerte und je unwahrscheinlicher die vollmundigen Versprechen von baldigem Sieg und Heimkehr der Soldaten wurden. Innerhalb kürzester Zeit vollzog sich, der Not gehorchend, ein gesellschaftlicher Wandel. Dazu gehörte, daß diese erste große technisierte und industrialisierte kriegerische Auseinandersetzung auf die Mitwirkung von Frauen angewiesen war. Sie mußten in den Betrieben die Produktion aufrechterhalten, damit der Nachschub gewährleistet war. Wie selbstverständlich übernahmen Frauen leitende Funktionen. Felice Bauer verließ – wohl auch wegen kriegsbedingter Produktionsumstellungen – die Firma Carl Lindström und trat zum 1. April 1915 als leitende Angestellte eine neue Stelle bei der gerade gegründeten Technischen Werkstätte in der Markusstraße 52 an, einer Firma mit 150 Beschäftigten, die technische Artikel der Feinmechanik herstellte und verkaufte. Dort stieg sie im August 1916 zur Prokuristin auf.

Angesichts dieser Umwälzungen verwundert es nicht, daß auch die Pläne der Berlinerin und des Pragers für die Zeit nach dem Kriegsende anders aussehen als zur Zeit der Verlobung. Als sie sich während des gemeinsamen Urlaubs in Marienbad im Juli 1916 erneut zur Heirat entschließen, schreibt Kafka an seine nun wieder künftige Schwiegermutter:

Felice und ich haben uns, wie das zu geschehen pflegt, hier in Marienbad getroffen und haben gefunden, daß wir vor Jahren die Sache verkehrt angefaßt haben. Es war auch nicht sehr schwer das einzusehn. Nun wird eben das Gute nicht zum ersten und auch nicht zum zweitenmal fertig, wohl aber zum zehntausendsten Mal und dabei halten wir jetzt. Und wollen es auch festhalten, wozu ich Deiner mütterlichen Zustimmung gewiß zu sein glaube noch aus jenen Tagen her, als Du vom Balkon her mit freundlichem Winken meinen letzten Spaziergang durch die Mommsenstraße begleitet hast. Es ist seitdem manches anders geworden und weniges besser, das weiß ich wohl; aber unter diesem wenigen ist das Verhältnis zwischen Felice und mir und dessen Sicherung für die Zukunft. *(An Anna Bauer, 10. Juli 1916)*

Es ist nun keineswegs mehr selbstverständlich, daß Felice mit der Heirat ihre Berufstätigkeit aufgibt und Kafka die herkömmliche Rolle des Ernährers übernimmt, im Gegenteil: Sie soll ihre gute Stelle behalten, und er wird sich ganz dem Schreiben widmen. Daß Kafka bei allem fortschrittlichen Denken, das ihn ansonsten auszeichnet, diese Aufgabenverteilung nicht ganz geheuer ist, kann einem Brief entnommen werden, mit dem er seinem Freund Max Brod die neue Entwicklung mitteilt:

Unser Vertrag ist in Kürze: Kurz nach Kriegsende heiraten, in einem Berliner Vorort 2,3 Zimmer nehmen, jedem nur die wirtschaftliche Sorge für sich lassen, F. wird weiter arbeiten wie bisher und ich, nun ich, das kann ich noch nicht sagen. Will man sich allerdings das Verhältnis anschaulich darstellen so ergibt sich der Anblick zweier Zimmer, etwa in Karlshorst, in einem steht F. früh auf, läuft weg und fällt abend müde ins Bett; in dem andern steht ein Kanapee, auf dem ich liege und mich von Milch und Honig nähre. *(An Max Brod, 12. und 14. Juli 1916)*

Karlshorst! Wie in aller Welt kam Kafka auf Karlshorst? Möglicherweise hatte Felice Bauer den Gedanken aufgebracht, sich dort niederzulassen. Aus der Korrespondenz geht hervor, daß sie gelegentlich dorthin fuhr, vielleicht, um Verwandte zu besuchen. Der Aufstieg des ehemaligen Vorwerks Karlshorst zum ›Dahlem des Ostens‹ hatte Mitte der 1890er Jahre mit dem Ausbau zur Wohnkolonie begonnen. Als die Villenkolonie 1902 einen Anschluß an die S-Bahn erhielt, wurde sie schnell zu einem der bevorzugten Vororte Berlins. Mehr noch als die seit 1894 betriebene Trabrennbahn sorgten dafür die Lage im grünen Randgebiet und die Nähe des Müggelsees. Beides Vorteile, die dem Naturliebhaber Kafka ins Auge gefallen sein dürften. Zwar hat Kafka sowohl in Prag als auch auf Reisen – etwa 1910 in Paris – Pferderennen besucht, ob er selbst aber jemals in Karlshorst war, ist nicht belegt.

Vom damaligen Glanz des Ortes ist heute einiges wieder sichtbar: Die Villen der Wohlhabenden und Prominenten, die es in der Kaiserzeit nach Karlshorst zog, wurden seit der Wiedervereinigung aufwendig restauriert, und an der Nähe zu den Ausflugs-

und Grüngebieten der Großstadt hat sich nichts verändert.

Die Technische Werkstätte dagegen ist im Zweiten Weltkrieg untergegangen; dem Teil der Markusstraße, in dem sie sich befand, entspricht weitgehend die heutige Lichtenberger Straße. Folgt man ihr in Richtung Spree, war die Nr. 52 das vorletzte Gebäude auf der rechten Seite vor der Einmündung in die Holzmarktstraße.

Das Jüdische Volksheim

Die Entwicklung Berlins zu einer modernen Metropole ist ohne die Mitwirkung jüdischer Berliner kaum vorstellbar. In allen Bereichen haben sie entscheidend an dem rasanten Aufstieg der Stadt mitgewirkt. Dabei durften sich Juden erst seit 1671 wieder in Berlin ansiedeln, ein Jahrhundert zuvor waren sie per kurfürstlichem Dekret aus der Mark Brandenburg vertrieben worden. Ihren ersten Friedhof legte die neue jüdische Gemeinde an der Großen Hamburger Straße an – außerhalb der damaligen Stadtmauern in der Spandauer Vorstadt. Etwa zur gleichen Zeit wurden in diesem hauptsächlich militärisch genutzten Gebiet Scheunen zur Lagerung von Getreide, Heu, Stroh und anderen landwirtschaftlichen Produkten errichtet, die wegen der Brandgefahr nicht mehr innerhalb der Stadtmauern gelagert werden durften. Dieses Scheunenfeld, das sich im Bereich der Volksbühne am Rosa-Luxemburg-Platz befand, wurde zur Kernzelle der neuzeitlichen jüdischen Besiedlung Berlins.

Das daraus hervorgegangene Scheunenviertel, eine dörflich anmutende Ansiedlung all jener, die am Rande der Stadt und damit auch der Gesellschaft lebten, nahm mit Beginn der industriellen Entwicklung die vom Land kommenden Bevölkerungsströme auf, Menschen, die sich von den neuen Verdienstmöglichkeiten in der Stadt eine Verbesserung ihrer Lebensverhältnisse erhofften. Pogrome in Rußland brachten im 19. Jahrhundert in Wellen immer wieder Ostjuden ins Scheunenviertel; die meisten wanderten von hier nach Übersee aus, aber einige blieben. Für die Bewohner des Viertels, denen es gelang, als Industriearbeiter unterzukommen, entstanden Mietskasernen, die anderen nutzten die Schlupfwinkel des Quartiers, um sich irgendwie durchs Leben zu schlagen. Das Scheunenviertel war das Revier der armen Leute, eine Mischung aus Tagelöhnern, Kleingewerbetreibenden, Garküchen, Straßenhändlern, Talmudschulen, vor deren Hintergrund – in der Rückschau verklärt – eine verruchte Boheme mit ihren Kabaretts und Kleintheatern gedieh, deren Kehrseite aber bittere Armut, Prostitution und Kriminalität waren. Künstler wie Heinrich Zille haben das hier ansässige Elend festgehalten, Gerhart Hauptmann liefert in seinem Drama *Die Ratten* einen Eindruck von den Lebensverhältnissen.

Jiddisch war die *lingua franca* der jüdischen Auswanderer aus Osteuropa, und so verwundert es auch nicht, daß im Scheunenviertel Bühnen gediehen, deren Repertoire sich aus Volksstücken und Operetten in jiddischer Sprache zusammensetzte.

Der Erste Weltkrieg brachte weitere Ströme aus Osteuropa ins Viertel, Flüchtlinge ebenso wie Zehntausende jüdischer Arbeiter, die vor allem für die Rüstungsindustrie rekrutiert wurden. Der Strom versiegte auch nach Kriegsende nicht, denn antisemitische Ausschreitungen in den Staaten, die aus dem zusammengebrochenen Habsburgerreich hervorgegangen waren, führten zu weiteren Flüchtlingsbewegungen. Erst gegen Ende der 1920er Jahre begann sich der Charakter des Viertels langsam zu verändern, wie Franz Hessel in *Spazieren in Berlin* feststellt:

Etwas Ghettoähnliches gibt es noch heut an anderer Stelle, übrigens auch nur noch für kurze Zeit, denn das Scheunenviertel mit seinen vielen Gassen zwischen Alexander-

Jüdischer Händler in der Grenadierstraße.

platz und Bülowplatz, das dieses Wahlghetto birgt, ist im Begriff, vom Erdboden zu verschwinden. Man muß sich beeilen, wenn man das Leben in den Straßen mit den merkwürdig militärischen, gar nicht ans Alttestamentarische erinnernden Namen wie Dragoner- und Grenadierstraße, noch kennenlernen will. Schon erheben sich die neuen Häuserblöcke und überragen die Reste, die langsam Ruine werden. Aber eine Zeitlang gehen noch die Männer mit den altertümlichen Bärten und Schläfenlokken in langsamen, die schwarzhaarigen Fleischertöchter in muntern Gruppen den Damm ihrer Straße auf und nieder und reden Jiddisch. An Läden und Stehbierhallen sind hebräische Inschriften. Noch sind diese Straßen eine Welt für sich und den ewigen Fremden eine Art Heimat, bis sie, die vor noch nicht langer Zeit von einem Schub aus dem Osten hergetragen worden sind, sich soweit in Berlin akklimatisiert haben, daß es sie verlockt, tiefer in den Westen vorzudringen und die allzu deutlichen Zeichen ihrer Eigenart abzutun.

Das jüdische Berlin spielt in Kafkas Aufzeichnungen und Briefen aus der Zeit vor dem Weltkrieg keine Rolle. Er erkundigt sich allgemein, wie Felice Bauer es mit der Religion hält, als sie in den ersten Monaten der Korrespondenz von ihren freitäglichen Tempelbesuchen berichtet – vermutlich in der bis heute erhaltenen Synagoge in der Rykestraße –, und er fragt nach jüdischen Theatervorstellungen, weil der Schauspieler Jizchak Löwy, mit dem er sich in Prag während des Gastspiels einer ostjüdischen Schauspieltruppe angefreundet hat, in Berlin auftritt. Er versucht, seine Korrespondentin zum Besuch einer Vorstellung und zur Kontaktaufnahme mit Löwy zu bewegen – offensichtlich, um mit dem dann gemeinsamen Bekannten eine Verbindung in Berlin zu haben. Immerhin hatte Felice Bauer bei der ersten Begegnung erwähnt, sie habe auch einmal eine Aufführung eines Jargontheaters besucht. Allerdings lag Kafka wohl mit seiner auf Prager Erfahrung beruhenden Vermutung richtig, als er schrieb: »Aber dieses ganze, was ich da geschrieben habe, ist keine Bitte hinzugehn, nein wahrhaftig nicht, Sie haben in Berlin schönere Teater und vielleicht oder höchstwahrscheinlich macht es schon die höchstwahrscheinliche Schäbigkeit des betreffenden Teatersaales Ihnen ganz unmöglich hinzugehn.« Das Scheunenviertel, in dem Löwy auftrat, rückte erst 1916 in den Mittelpunkt von Kafkas Interesse.

Während des Urlaubs in Marienbad kommt im Juli 1916 das Gespräch auf ein Vorhaben in Berlin, für das Max Brod eintrat. Neben Martin Buber, Gustav

Landauer und einigen anderen engagierten Zionisten gehörte er zu den Förderern des Jüdischen Volksheims, das am 18. Mai 1916 in Berlin mit einer Rede Landauers über *Judentum und Sozialismus* eröffnet worden war. In einer im Gründungsjahr erschienenen Broschüre des Volksheims heißt es dazu:

In Anlehnung an das Settlementsystem hat sich das jüdische Volksheim [...] die Aufgabe gestellt, die Kinder und jungen Leute der in der Gegend des Heimes gelegenen, meist von ostjüdischen Einwandererfamilien bevölkerten Straßen in Gemeinschaften (Kindergarten, Jugendkameradschaften, Klubs) zusammenzuschließen, um durch geeignete Führung einen kulturellen Einfluß auf die heranwachsende Generation zu gewinnen.

Während des Krieges gehörten Galizien und andere Regionen im deutsch-russischen und österreichisch-russischen Grenzgebiet zu den Hauptschauplätzen der Auseinandersetzungen. Die jüdische Bevölkerung dieser Gebiete floh vor dem direkten Kriegsgeschehen, aber auch vor den in dessen Gefolge befürchteten Pogromen nach Westen und bevorzugt in Städte mit großen jüdischen Gemeinden wie Prag, Wien und Berlin. Für die Kinder dieser Flüchtlinge sollte das Volksheim in Berlin Bildungs- und Sozialarbeit leisten und auf diese Weise das Verständnis zwischen den »gebildeten Westjuden [...] Berlinerischer Färbung« *(an Felice Bauer, 12. September 1916)* und ihren eher ländlich geprägten Glaubensbrüdern aus dem Osten fördern. Gustav Landauer berichtet nach der Eröffnung seiner Tochter:

Es sollen da Studenten, Kaufleute, Arbeiter beiderlei Geschlechts zusammenkommen, zu belehrenden Gesprächen und Vorlesungen; Mütter werden beraten; ein Kinderhort ist da, und zwei Stuben werden als Werkstätten für Tischlerei usw. eingerichtet, was gerade für die Juden, die aus dem Osten kommen und oft nichts als Hausieren und dergleichen gelernt haben, sehr wertvoll ist.
(Gustav Landauer an seine Tochter Lotte, 19. Mai 1916)

Eine Kindergruppe im Jüdischen Volksheim, 1916.

Felice Bauer kam offenbar schnell der Gedanke, sich als freiwillige Helferin zur Verfügung zu stellen. Kafka bestärkte sie darin und versorgte sie von Prag aus, als sie nach entsprechenden Vorbereitungskursen eine Gruppe von 10- bis 12jährigen Mädchen übernahm, mit Lektüreempfehlungen, mit Büchern und Spielanleitungen. In Briefen ließ er sich beschreiben, wie Felice Bauer von ihrem Büro in der Markusstraße 52 in die Dragonerstraße 22 (heute Max-Beer-Straße 5) gelangte, und er ließ sich ausführlich von den Gruppenabenden und den Sonntagsausflügen berichten, die überwiegend nach Mühlenbeck führten, wo dem Volksheim von einem seiner Förderer eine Jagdhütte überlassen worden war. Er gab pädagogische Ratschläge, erkundigte sich nach einzelnen Mitgliedern der Mädchengruppe und nahm auf diese Weise noch intensiver aus der Ferne an dem Alltag seiner Verlobten teil als durch Hinweise auf kulturelle Veranstaltungen, die er auch weiterhin in der Berliner Tagespresse verfolgte. Außerdem erschloß sich ihm eine Seite Berlins, die er vor dem Krieg nicht wahrgenommen hatte. Zwar war er sich mit Felice Bauer in der skeptischen Distanz zum Zionismus einig, zugleich hatte er sich aber – wohl auch aus dem Gedanken einer jüdischen Solidarität, die auf seine Begegnungen mit Flüchtlingen in Prag und Beobachtungen bei der dortigen Flüchtlingshilfe zurückgingen – Positionen des sogenannten Kulturzionismus genähert. Als Felice Bauer sich auf ihre Aufgaben als Helferin vorbereitet, schreibt er ihr:

Jüdisches Volksheim? Dazu wollte ich nur sagen: Vielleicht und wahrscheinlich werden gewisse Ausgaben dafür nötig sein. Die mußt Du durchwegs mich tragen lassen, um mir, außer der Freude an Deiner Arbeit, auch noch eine andere Art der Teilnahme zu ermöglichen. *(An Felice Bauer, 30. August 1916)*

Das Jüdische Volksheim bestand rund zehn Jahre, in Kafkas Leben sollte es Jahre später noch einmal eine Rolle spielen. Das Gebäude in der Max-Beer-Straße 5, in dem es untergebracht war, steht noch. Allerdings aufwendig restauriert, wie das ganze ehemals proletarische Viertel, den Ansprüchen einer gutbetuchten Klientel entsprechend, die es seit der Wiedervereinigung als ›trendig‹ betrachtet, hier zu leben, zumindest aber auszugehen.

Ausgeträumt

Im Jahr 1917 war das Ende des Kriegs abzusehen. Für Kafka rückte damit die Verwirklichung seines Traums näher: Heiraten und nach Berlin ziehen. Während der Kriegsjahre hatten er und Felice Bauer zwar eine neue Basis für ein künftiges gemeinsames Leben gefunden, gleichzeitig war ihre Beziehung aber erheblichen Belastungen ausgesetzt: Kafka konnte nicht nach Berlin reisen, Treffen waren fast ausschließlich auf österreichischem Staatsgebiet möglich – die einzige Reise ins Ausland, zur Lesung der *Strafkolonie* in München, hatte einen riesigen Antragsaufwand und Kampf mit den Behörden erfordert. Der Korrespondenz alles anzuvertrauen, was Liebenden am Herzen liegt, wurde dadurch erschwert, daß sie durch die Hände eines Zensors ging, der alles mitlas. Telefonische Verbindungen – die natürlich ebenfalls abgehört wurden – waren unter den Kriegsbedingungen nicht einfach herzustellen, und die Kriegswirtschaft schränkte den Urlaub ein, gemeinsame Ferien waren also nur für wenige Tage möglich. Die Ungeduld stieg, Spannungen stellten sich wieder ein, die Verlobten hofften auf das Ende des Kriegs. Am 27. Juli 1917 berichtet Kafka seinem Verleger Kurt Wolff von dem Plan, nach dem Krieg seinen Posten aufzugeben, zu heiraten und aus Prag wegzuziehn, »vielleicht nach Berlin«, und er drückt die Hoffnung aus, daß Wolff ihm für dieses Vorhaben eine finanzielle Absicherung bieten könne. Wolff antwortet wenige Tage später: »Was Ihre Zukunftspläne angeht, so wünsche ich Ihnen dazu von Herzen alles Gute. Mit aufrichtigster, freudigster Bereitwilligkeit sage ich Ihnen auch für die Zeit nach dem Krieg eine fortlaufende materielle Förderung zu, über deren Details wir uns gewiß leicht verständigen werden.« Alles scheint in bester Ordnung.

In der Nacht vom 10. zum 11. August 1917 wird Kafka wach, weil ihm Blut in den Mund quillt. Der Vorgang wiederholt sich in der darauffolgenden Nacht. Die Diagnose wird von den Ärzten freundlich umschrieben, ihr Inhalt ist Kafka trotzdem klar: Lungentuberkulose. Damals noch eine unheilbare Krankheit, außerdem infektiös und gefährlich für alle, mit denen der Erkrankte in engen Kontakt kam. Kafka nimmt die Krankheit als letztes Zeichen, daß es ihm nicht bestimmt ist, zu heiraten, eine Familie zu haben. Der Abschied von der Berliner Verlobten fällt ihm schwer, er zieht sich über Wochen hin, am Ende des Jahres, bei einer letzten Begegnung in Prag, ist er definitiv.

Felice Bauer gibt im Frühjahr 1919 ihre Stelle auf und heiratet den 14 Jahre älteren Bankier Moritz Marasse und bekommt kurz nacheinander einen Sohn und eine Tochter. In den zwanziger Jahren führen die Marasses das Leben einer wohlhabenden bürgerlichen Berliner Familie: eine repräsentative Wohnung in Schöneberg, in der Berchtesgadener Straße, Urlaubsreisen im Sommer und im Winter. Felices Traum erfüllt sich – wenn auch nur für wenige Jahre. Den Schrecken der Nazizeit entgehen die Marasses, weil die von Kafka für ihre Tüchtigkeit bewunderte, hellsichtige Felice darauf besteht, Deutschland schon 1931 zu verlassen. Die Briefe ihres ehemaligen Prager Verlobten nimmt sie mit ins Exil. Sie stirbt 1960 in den USA.

Und Kafka? Sein Traum von Berlin scheint 1917 ausgeträumt.

Und Berlin?

In Berlin nimmt man in den letzten Kriegsjahren endgültig Abschied vom Traum an ein siegreiches Ende. Der Glanz des Kaisers ist rapide verblaßt, am Ende lösen seine gehätschelten Marinesoldaten die Revolution aus, und Wilhelm II. verschwindet ohne Tatütata und Hüteschwenken ins niederländische Doorn, seine Frau Auguste folgt ihm in einem überbordend vollgepackten Hofzug. Philip Scheidemann ruft die Republik aus, an die sich das auf Weltgeltung angelegte Parvenüpolis, wie nicht nur Walter Rathenau das nach Wilhelms Vorstellungen gestaltete Berlin spöttisch nannte, noch mühsam gewöhnen muß. Die Nachkriegsjahre sind – wie bereits die letzten Kriegsjahre – von Versorgungsengpässen, Arbeitslosigkeit und politischen Auseinandersetzungen geprägt. Es dauert, bis das Leben in Berlin wieder an Fahrt aufnimmt und die *Roaring Twenties* beginnen können.

Das republikanische Berlin setzte sich allerdings größenmäßig bald von der wilhelminischen Ära ab: Im Jahr 1920 wurden im Zuge einer Neuordnung 8 Städte, 59 Landgemeinden und 27 Gutsbezirke zu einer neuen Stadtgemeinde zusammengeschlossen, Berlin stieg mit nunmehr 3,8 Millionen Einwohnern zur drittgrößten Stadt der Welt nach New York und London auf. Die nochmals gewachsene Metropole litt allerdings noch lange unter den Kriegsfolgen, zu denen vor allem die rapide Geldentwertung gehörte. Den Krieg hatte man auf Kredit geführt, in der sicheren Erwartung eines Sieges. Nun mußte die junge Republik, statt mit den Reparationen der Verlierer die Kriegsschulden begleichen zu können, den verlorenen Krieg und zusätzlich selbst Reparationen finanzieren. Man behalf sich mit einer Geldvermehrung über die Druckerpresse – was zu einem fortschreitenden Wertverlust mit erheblichen Folgen für die breite Bevölkerung führte. Es herrschten Arbeitslosigkeit, Armut und Wohnungsnot. Kinder litten an Unterernährung, das fehlende Einkommen zwang Familien in Notunterkünfte oder auf die Straße. Die Zahl der Obdachlosen vervielfachte sich. Städtische Fürsorgeeinrichtungen vermochten dem Elend breiter Massen nicht mehr Herr zu werden.

Einem Beobachter und aufmerksamen Zeitungsleser wie Kafka sind diese Entwicklungen ebensowenig entgangen wie politische Ereignisse. Auf die Ermordung Walter Rathenaus am 24. Juni 1922 reagiert er gegenüber Max Brod:

Die Schreckensnachrichten? Meinst Du etwas anderes als Rathenaus Ermordung? Unbegreiflich, daß man ihn solange leben ließ, schon vor 2 Monaten war das Gerücht von seiner Ermordung in Prag, […] es war so sehr glaubwürdig, gehörte so sehr zum jüdischen und zum deutschen Schicksal […]. – Aber das ist schon zu viel gesagt, die Sache geht über meinen Gesichtskreis weit hinaus, schon der Gesichtskreis hier um mein Fenster ist mir zu groß. *(An Max Brod, 29. Juni 1922)*

Es wird noch ein weiteres Jahr vergehen, bevor Berlin wieder zum Gesichtskreis Kafkas gehören wird.

Eine ferne Erinnerung

Kafka ist in den Jahren nach der Trennung von Felice Bauer vor allem damit beschäftigt, seine Gesundheit, wenn schon nicht wiederherzustellen, so doch in einem erträglichen Zustand zu erhalten. Reisen unternimmt er nur noch zu Kur- und Erholungsaufenthalten, die sich in einzelnen Fällen über viele Monate erstrecken, der längste von ihnen, in Matliary in der Hohen Tatra, vom Dezember 1920 bis zum August 1921. Viele seiner Prager Freunde und Bekannten zieht es unterdessen wieder nach Berlin, darunter Willy Haas und Egon Erwin Kisch. Auch Max Brod hält sich dort häufig auf, zu Lesungen, in Theater- und Verlagsgeschäften, aber auch einer neuen Liebe wegen. Ende Dezember 1920, nach einem längeren Aufenthalt, berichtet er seinem Freund, wie »unendlich« Berlin auf ihn gewirkt habe; die Intensität, mit der die Menschen ihrer Arbeit nachgingen, wie »leicht und klaglos« sie unsäglich viel arbeiteten, das merke man erst, wenn man mehr als nur zwei Tage in der Stadt sei. Die Hervorhebung der Berliner Tüchtigkeit und der atemlose Berlinerische Ton seines Briefes weckt Erinnerungen; ob Brod denn glaube, daß ihm bei einem solchen Brief nicht heiß werde, antwortet Kafka. Aber selbst nach Berlin zu fahren kommt für ihn nicht in Frage. Statt dessen kommt Berlin zu ihm: Die Autorenkollegen Alfred Wolfenstein und Georg Kaiser besuchen ihn während ihrer Aufenthalte in Prag, er lernt den Rezitator Ludwig Hardt kennen und trifft mit Ernst Weiß und dessen Lebensgefährtin Rahel Sanzara zusammen.

Im übertragenen Sinn gelangt Kafka allerdings doch nach Berlin: Ludwig Hardt liest dort am 9. März 1921 im Meistersaal in der Bellevuestraße erstmals Texte von ihm. Der Rezensent der *Vossischen Zeitung* schreibt am nächsten Tag: »Vom jungen Kafka las er drei kleine Prosastücke [...]. Von denen schien mir *Elf Söhne* der stärkste Eindruck des Abends.« Und nach einer weiteren Lesung in der Berliner Sezession am 12. November 1921 jubelt Kurt Tucholsky in der *Weltbühne*, dieser Abend habe ihm »den bisher stärksten Eindruck dieses Winters« gebracht: »Ludwig Hardt las Franz Kafka. [...] Er schreibt die klarste und schönste Prosa, die zur Zeit in deutscher Sprache geschaffen wird.« Und Berlin beginnt sich für Kafka zu interessieren. Ernst Rowohlt, sein erster Verleger, hat hier inzwischen einen neuen Verlag gegründet. Er fragt durch Max Brod an, ob Kafka nicht dort einmal aus eigenen Texten lesen möge. »Es ist ein hübscher anheimelnder Saal, etwa vierzig Fauteuils«, berichtet Brod und fährt fort: »Er möchte auch sehr gern, daß du bei ihm etwas verlegst.« *(An Franz Kafka, 27. Dezember 1921)* Die Lockrufe Berlins bleiben offenbar nicht ohne Wirkung, wenngleich Kafka sie zunächst auf andere überträgt. An den jungen, aus Ungarn stammenden Medizinstudenten Robert Klopstock, der ihm seit den gemeinsamen Sanatoriumstagen in Matliary freundschaftlich verbunden ist, schreibt er:

Ohne jeden Zweifel rate ich Ihnen, das Wintersemester in Berlin zu verbringen [...] Eine solche Gelegenheit sorgenlos in Berlin zu leben und nach Willkür zu arbeiten, ist völlig einmalig und deshalb auf keinen Fall zu verwerfen. [...] Jedenfalls ist Prag eine Medicin gegen Berlin, Berlin eine Medicin gegen Prag und da der Westjude krank ist und sich von Medicinen nährt, darf er wenn er sich in diesem Kreis bewegt, an Berlin nicht vorübergehn. Das habe ich mir immer gesagt, ich hatte aber nicht die Kraft, die

Hand aus dem Bett nach dieser Medicin zu strecken, auch suchte ich sie mir, zu Unrecht, mit dem Gedanken zu entwerten, daß es ja nur eine Medicin sei. Heute ist Berlin übrigens mehr, es gibt, glaube ich, auch einen stärkeren Ausblick nach Palästina als Prag. *(An Robert Klopstock, September 1922)*

Die Jahre der Krankheit waren auch Jahre intensiver Reflexion, in denen Kafka sich mit jüdischen Fragestellungen zwischen absoluter Assimilation in der westlichen Kultur und jüdischer Wiedergeburt in Palästina auseinandergesetzt und sich Positionen des Kulturzionismus weiter angenähert hat. Waren es vor dem Krieg die Theater, die für Kafka Berlin so ungemein attraktiv machten, ist es jetzt das jüdische Berlin des Scheunenviertels. Die bodenständige Gläubigkeit, die so ganz andere Lebensweise und das nach außen sichtbare Bekenntnis zum Judentum haben ihn bei allen Begegnungen mit Ostjuden fasziniert. Im Scheunenviertel hat sich eine ostjüdische Lebenswelt inmitten einer modernen westlichen Metropole etabliert, ein Hauch von Schtetl, mit dem sich die Westjuden konfrontiert sehen. Bereits in den Ideen, die zur Einrichtung des Jüdischen Volksheims führten, hatte Kafka Möglichkeiten einer Symbiose zwischen West- und Ostjudentum gesehen, etwas, was ganz konkrete Voraussetzungen für ein Zusammenleben in Palästina schaffte. Berlin als Vorbereitung auf Palästina, das ist jetzt sein neues Credo. Alles Westjüdische ist für ihn eine Sache »auf Abbruch«, das Ziel sollte Palästina sein, versucht er einer jungen Freundin klarzumachen.

Auch in seiner eigenen Lebensplanung spielt Palästina eine ferne Rolle, zumal aus ganz naheliegenden Gründen, da das Klima vermutlich seiner Gesundheit zuträglich wäre. Allerdings bezweifelt Kafka, stark genug für eine weite Reise zu sein. Die Einladung zu seinem Freund Hugo Bergmann nach Jerusalem sagt er mit der Begründung ab, zunächst seine

»Transportabilität« mit einer Reise an die Ostsee testen zu wollen. Dort angekommen, trifft er auf eine Ferienkolonie des Berliner Jüdischen Volksheims – und plötzlich erscheint ihm Berlin nicht nur als Probestufe für seine Transportabilität, sondern als erreichbare und auch verlockende Alternative zu Palästina. Man müsse anders leben als sie beide in Prag, schreibt er Robert Klopstock: »Sie müssen Ihr Leben anders einrichten im nächsten Jahr, vielleicht von Prag fortgehn z.B. in die schmutzigen Berliner Judengassen.« Als er dies schreibt, ist Kafka nach neun Jahren für einen Tag zum ersten Mal wieder in Berlin gewesen.

Ferien an der Badewanne Berlins

Während Deutschland unter seiner Währungskrise leidet, erlebt die junge Tschechoslowakische Republik einen wirtschaftlichen Aufschwung. Die tschechische Krone steht auf dem Währungsmarkt gut da, und Deutschland wird zum bevorzugten Feriengebiet der wohlhabenderen Bürger des neuen Landes. Kafkas Schwestern Elli Hermann und Valli Pollak haben bereits im Sommer 1922 mit ihren Familien die Ferien gemeinsam in Brunshaupten verbracht. Ein Jahr später ist Müritz das Ziel der Hermanns, und Elli überredet ihren Bruder, sie dorthin zu begleiten. Seinen 40. Geburtstag verbringt er noch in Prag, zwei Tage später, am 5. Juli 1923, folgt er seiner Schwester, die mit ihren drei Kindern und dem Fräulein Werner, der altgedienten Wirtschafterin der Familie, bereits vorausgefahren ist. Erste Station der Reise ist Berlin.

Kafkas Lebenssituation hat sich inzwischen grundlegend geändert: Da keine Aussicht besteht, daß er vollständig gesundet und jemals wieder einen geregelten Dienst versehen kann, hat die Arbeiter-Unfall-Versicherungs-Anstalt ihn zum 1. Juli 1922 pensioniert. Die Umsetzung des Plans, von dem er im Juli 1917 seinem Verleger Kurt Wolff berichtet hat, nämlich nach Berlin zu ziehen und dort als freier Schriftsteller zu leben, wäre also jetzt möglich. Die Pension böte eine finanzielle Grundlage, weitere Einnahmen durch Verlagshonorare würden das Leben in der Metropole erträglich machen. Nur hat in-

Dora Diamant, 1928.

zwischen die Inflation dem Kurt Wolff Verlag stark zugesetzt, Wolff ist in finanziellen Schwierigkeiten und hat viele seiner Autoren, darunter Freunde und Bekannte Kafkas, verloren. Starker Konkurrent ist ein neuer Verlag, Die Schmiede, an den sich auch Kafka wendet. Seine Fahrt an die Ostsee unterbricht er in Berlin, trifft in der Magdeburger Straße 7 mit den Verlegern der Schmiede zusammen und handelt einen Verlagsvertrag aus, mit dem ihm offenbar eine ähnliche Unterstützung zugesagt wird, wie Kurt Wolff sie im Sommer 1917 in Aussicht gestellt hat.

Die Voraussetzungen sind damit gegeben, und in den folgenden Wochen an der Ostsee denkt Kafka ernsthaft darüber nach, jetzt endlich seinen alten Traum zu verwirklichen und nach Berlin zu ziehen. Seinem Freund Robert Klopstock schreibt er aus den Ferien, er werde über Berlin nach Prag zurückkehren: »Und späterhin, nach Prag? Das weiß ich nicht. Hätten Sie Lust nach Berlin zu übersiedeln? Näher, ganz nahe den Juden?« *(An Robert Klopstock, 24. Juli 1923)* Die Juden – das ist immer noch das Jüdische Volksheim und mit ihm verbunden eine junge Frau, die soeben in Kafkas Leben getreten ist: Dora Diamant.

Auf der Fahrt zur Ostsee, an dem einen Tag in Berlin, hat Kafka seine ehemalige Hebräischlehrerin Puah Bentovim getroffen, um mit ihr in Eberswalde eine jüdische Kinderkolonie zu besuchen, für die Puah arbeitet. Erst unterwegs wird Kafka klar, wie weit Eberswalde ist und daß seine Zeit gar nicht reicht. In Bernau kehrt er zurück. Möglicherweise hat Puah ihn bei dieser Gelegenheit mit dem Hinweis getröstet, es gebe in Müritz eine weitere Ferienkolonie des Jüdischen Volksheims. Dort angekommen, stellt er fest, daß das Ferienheim der ostjüdischen Kinder in Sichtweite seines Hotels liegt. Bereits nach wenigen Tagen entstehen Kontakte, Kafka besucht eine Theateraufführung, wird zur Sabbatfeier eingeladen – und lernt Dora Diamant kennen, die als Wirtschafterin die Ferienkolonie begleitet. Nach Prag berichtet er:

Das Meer ist wahrhaftig in den 10 Jahren, seitdem ich es nicht mehr gesehen habe, schöner, mannigfaltiger, lebendiger, jünger geworden. Aber mehr Freude macht mir noch eine Ferienkolonie des Berliner Jüdischen Volksheims, gesunde, fröhliche Kinder, an denen ich mich wärme. Heute werde ich mit ihnen Freitag-Abend feiern, ich glaube zum ersten Mal in meinem Leben. *(An Else Bergmann, 13. Juli 1923)*

An diesem Abend ›funkt‹ es offenbar zwischen Kafka und der 25jährigen Dora, die aus der Beengtheit ihrer streng orthodox lebenden Familie über Breslau nach Berlin gezogen ist. Kafka ist von der selbstbewußten und – kaum etwas schätzt er mehr – tüchtigen jungen Frau fasziniert, die sich ihr ostjüdisches Denken und ihre Gläubigkeit bewahrt hat, gleichzeitig aber den Anschluß an die Moderne, an liberalere westliche Lebensformen sucht. Für einen Umzug nach Berlin gibt es nun einen Grund mehr.

Nach vier Wochen an der Ostsee begibt sich Kafka auf die Rückreise, die er wiederum in Berlin unterbricht. Er bleibt zwei Tage, aber es geht ihm nicht gut, nach den Müritzer Wochen fällt es ihm schwer, plötzlich allein zu sein. Er trifft sich an einem der Abende mit drei Mädchen aus der Müritzer Ferienkolonie und besucht mit ihnen im Central-Theater an der Alten Jakobstraße, das zu dieser Zeit von Erwin Piscator geleitet wird, eine Aufführung von Schillers *Die Räuber*. Vermutlich trifft er sich auch mit Dora Diamant, berät mit ihr, wie sein Leben in Berlin aussehen könnte. Immerhin ist Kafka schwerkrank, bei Fieberanfällen zeitweilig bettlägerig, und er ist auf regelmäßige und reichhaltige Ernährung angewiesen. Ohne Doras Unterstützung wäre ein Umzug nach Berlin eigentlich undenkbar.

Nach Prag zurückgekehrt, findet Kafka den Vertrag der Schmiede vor, unterschreibt ihn und schickt ihn zurück. Berlin rückt noch näher, aber der Gedanke an die Reise und die damit verbundenen Konsequenzen schreckt ihn. Zum einen sind es die Pressemeldungen über den Sturz der Mark, zum weiteren sein Zustand: Kafka wiegt nur noch wenig mehr als 54 Kilogramm (bei einer Körpergröße von 1 Meter 80), so wenig wie nie zuvor. Er entschließt sich zu einem Kuraufenthalt mit seiner Schwester Ottla und deren beiden Töchtern in der Nähe von Prag. Er bleibt fast vier Wochen in Schelesen, kann sich auch über eine kleine Gewichtszunahme freuen, leidet bei der Abreise aber an erhöhter Temperatur. Trotzdem hält es ihn nur zwei Tage in Prag. Am 23. September fährt Kafka nach Berlin – für ein paar Tage, erklärt er seiner Familie und seinen Freunden.

Endlich ein Berliner

Im Zusammenhang mit seiner Reise spricht Kafka von einer Tollkühnheit – tollkühn mag sie gewesen sein, aber nicht ungeplant. Seine Unterkunft war bereits angemietet, seine Wahl ist auf Steglitz gefallen, nicht Karlshorst, aber ebenfalls fast außerhalb der Stadt im Grüngürtel gelegen. »Über die nächste Umgebung der Wohnung komme ich kaum hinaus«, berichtet er seinem Freund Felix Weltsch, »diese ist freilich wunderbar, meine Gasse ist etwa die letzte halb städtische, hinter ihr löst sich das Land in Gärten und Villen auf, alte üppige Gärten. An lauen Abenden ist ein so starker Duft, wie ich ihn von anderswoher kaum kenne. Dann ist da noch der große botanische Garten, eine Viertelstunde von mir und der Wald wo ich allerdings noch nicht war, keine volle halbe Stunde. Die Einfassung des kleinen Auswanderers ist also schön.« Kafka hat sich bei Moritz Hermann in der Miquelstraße 8 einquartiert. Er hat dort ein komfortables Zimmer, fühlt sich wohl, allerdings etwas zu sehr von Frau Hermann beobachtet, die aber offenbar weder gegen Dora Diamants Gegenwart noch gegen anderweitige Damenbesuche von Berliner Bekannten Kafkas Einwände erhebt. Kafka versucht, sich in Steglitz zu erholen, geht bei gutem Wetter spazieren, fährt nur selten in die Stadt, etwa um sich mit Max Brod im Café Josty zu treffen oder um sich bei Wertheim fotografieren zu lassen. Einmal auch, weil er sich nach einer anderen, städtischeren Wohnung umsieht, da ihm Steglitz doch zu

Die bei Wertheim angefertigte letzte Porträtaufnahme Kafkas.
Originalgröße

entlegen scheint, um Verbindung zu literarischen Kreisen zu halten. Aber das Stadtzentrum schreckt ihn; wenn er am Zoo aussteige, berichtet er Max Brod am 2. Oktober, verliere er »einen großen Teil der Atemfähigkeit«, fange zu husten an und werde »noch ängstlicher als sonst«. Elend und tief dankbar, daß er in Steglitz wohnt, kehrt er von seinen Ausflügen zurück. Er genießt die Ruhe des Vororts, die Rastlosigkeit der Metropole lockt ihn nicht mehr:

Mein »Potsdamer Platz« ist der Steglitzer Rathausplatz, dort fahren 2 oder 3 Elektrische, dort vollzieht sich ein kleiner Verkehr, dort sind die Filialen von Ullstein, Mosse und Scherl und aus den ersten Zeitungsseiten, die dort aushängen, sauge ich das Gift, das ich knapp noch ertrage, manchmal (gerade wird im Vorzimmer von Straßenkämpfen gesprochen) augenblicksweise auch nicht ertrage – aber dann verlasse ich diese Öffentlichkeit und verliere mich, wenn ich noch die Kraft dazu habe, in den stillen herbstlichen Alleen. *(An Max Brod, Oktober 1923)*

Die Schloßstraße vor dem Steglitzer Rathaus um 1923.

Die alltäglichen Aufregungen, die von Kafka erwähnten Straßenkämpfe, Streiks, all das scheint in Steglitz fern, und die Lebensmittelknappheit und die schwindelerregende Inflation scheinen hier erträglicher. In der Stadt dagegen ereilt ihn jedesmal der Zahlenwahn. Seit dem Sommer 1923 verfällt der Wert der Mark rapide, für Lebensmittel muß man Schlange stehen, die Zahl der Nullen wächst, das Päckchen Butter kostet im September 1.600.000 Mark, der Tauschhandel blüht. Und Kafka schreibt seiner Schwester Ottla am 26. September 1923:

Butter ist hier zu haben soviel man will, nur essen kann man sie nicht. Wenn Du mir hie und da ein Päckchen Muster ohne Wert schicken wolltest [...], denn nur von Butter werde ich ein wenig dick und die Schelesner Dicke habe ich zum Teil in der Nacht vor der Abfahrt verloren (hätte freilich auch niemals wegfahren können, wenn ich nicht die Dicke gehabt hätte, um sie zu verlieren) Willst Du also schicken? Wir verrechnen es dann, etwa 5 K kostet das ganze Päckchen, ich habe schon einmal hierher Butter geschickt, versuchsweise, sie kam gut an, das Mädchen sagte, sie hätte bis dahin die hiesige Butter für sehr gut gehalten, erst durch das Paket hätte sie erfahren, daß es so viel bessere Butter überhaupt gibt.

Eine Notlüge? Für Geschmacksfragen ist die Situation in Berlin eigentlich viel zu ernst. Will er seiner Familie gegenüber, die durch Zeitungsberichte natürlich über die Lage in Berlin informiert ist, nicht eingestehen, daß nicht einfach an Butter zu kommen ist, und sie mit der Bitte um besser schmeckende Butter beruhigen – oder ist der Jurist Dr. Kafka aus Prag unter die Berliner Schwarzhändler gegangen? Butter ist nämlich zu dieser Zeit längst zu einer ›harten‹ Währung geworden, wie aus einer zeitgenössischen Darstellung hervorgeht:

Ja, wer damals ein Pfund Butter im freien Handel abgeben konnte, der war ein allmächtiger Herr. [...] War schon in den Kriegsjahren ein freies Pfund Butter mit dem doppelten und dreifachen Preise, ja oft auch mit *Sachlieferungen* bezahlt worden, so wurde nun in den tollen Jahren der Inflation ein Pfund Butter zu einem ganz *phantastischen Wert*. Man bekam dafür einen Monat Unterricht entweder beim Musik- oder Sprachlehrer oder auch in der Kinderschule, in der die Kleinen das Schulgeld in Form von Butter- oder anderen Lebensmittelpäckchen erlegten. – Man bekam für ein Pfund Butter beim Schuster ein Paar Sohlen, ja oft auch ein Paar Stiefel, beim Buchhändler eine kleine Bibliothek, beim Schneider ein Paar Hosen, beim Arzt die vollständige Heilung von der Grippe, beim Maler ein Bild, vielleicht sogar ein Porträt [...]. *(Hans Ostwald, Sittengeschichte der Inflation, 1931)*

Es bleibt im dunkeln, ob Kafka die in den folgenden Wochen reichlich eintreffenden Prager Buttersendungen wirklich alle für sich verwendet hat – bei der Menge wäre das seiner Gesundheit eher abträglich als förderlich gewesen – oder ob er sie zur Aufbesserung seines Einkommens gewinnbringend umgesetzt hat. Zwar erhielt er seine Pension in harter Währung, mit dem notwendigen Umtausch in Mark war sie aber sofort dem Verfall ausgesetzt und mußte möglichst schnell ausgegeben werden, um überhaupt einen gewissen Gegenwert dafür zu erhalten. Die vereinbarte Miete für Kafkas Zimmer in der Miquelstraße hat sich im September bereits verdreifacht, bis Anfang November versechsfacht. Neben der inflationsbedingten Steigerung ist es wohl Frau Hermann, seine Vermieterin, die sich durch den Mieter, der über ein verläßliches Einkommen verfügt, einen Vorteil erhofft. Mit ihr ist Kafka zwar weiterhin »in einem sehr guten Verhältnisse«, wie er Anfang November seinen Eltern berichtet,

aber Spannungen gibt es doch immerfort, hervorgerufen dadurch daß sie mir mit ihrer berlinerischen Energie und ihrem berlinerischen Verstand (sie ist keine Jüdin) unendlich überlegen ist. [...] Ich glaube, in der ersten halben Stunde unseres ersten Beisammenseins hatte sie heraus, daß ich 1000 K Pension (damals ein großes, heute ein viel kleineres Vermögen) habe und danach fing sie an, die Miete und was sonst dazu gehört zu steigern und es nimmt kein Ende. Nun sind ja freilich die allgemeinen Steigerungen der Preise groß, aber die Steigerung meiner Miete riesenhaft, selbst wenn ich die ganz einzigartigen Vorteile der Wohnung in Rechnung stelle. Das Zimmer wurde z.B. Ende August mit 4 Millionen monatlich für mich gemietet und heute kostet es etwa 1/2 Billion, nun ist auch das nicht einmal zuviel, aber die Unsicherheit, in der man dadurch ist, daß monatlich gesteigert werden kann und auch sonstiges in dieser Art, ist unangenehm.

Vermutlich spielen einige Wochen später, als Kafka seine Erzählung *Eine kleine Frau* schreibt, auch seine Erfahrungen mit Frau Hermann eine Rolle. Wie er selbst mit seiner ersten Berliner Vermieterin hat auch sein Erzähler nicht wirklich benennbare Probleme mit seiner Wirtin; fühlt Kafka sich beim Schreiben eines Briefes sogar von den Möbeln der Frau Hermann beobachtet, empfindet sein Held die Gegenwart seiner Vermieterin als ständigen, unausgesprochenen Vorwurf. Immerhin weiß Kafka für sich Abhilfe zu schaffen: Er kündigt.

Frau Hermann dagegen bleibt vermutlich bis zur Zerstörung des Hauses während des Zweiten Weltkriegs in ihrer Wohnung. Das Haus an der Ecke Rothenburg-/Miquelstraße ist eines der wenigen, das in dieser Gegend von einer Bombe getroffen wird. Die Straße ist da schon längst in Muthesiusstraße umbenannt, nach dem Architekten Hermann Muthesius, der 1927 unweit der Einmündung der Miquelstraße in die Schloßstraße bei einem Straßenbahnunfall ums Leben gekommen ist.

Kafka bezieht am 15. November 1923 zwei Zimmer beim Referendar Erich Seifert in der Grunewaldstraße 13, die er mit Doras Hilfe gefunden hat, und sie ist es auch, die den Umzug des bescheidenen Hausstands bewerkstelligt.

Nicht weit, zwei Gassen weiter, in einer kleinen Villa mit hübschem Garten, im ersten Stock, zwei (zwei!) schön eingerichteten Zimmern, von denen eines, das Wohnzimmer, so sonnig ist wie mein jetziges, während das kleinere, das Schlafzimmer, nur Morgensonne hat. Weitere Vorteile: Centralheizung und elektrisches Licht (hier habe ich nur nicht sehr gut brennendes Gas und die Heizung im Winter dürfte nicht ganz leicht sein, denn es ist ein Erkerzimmer und Türen und Fenster schließen nicht sehr gut) dort ist es in dieser Hinsicht viel besser. In weiteres Lob will ich mich nicht einlassen, weil man natürlich eine Wohnung erst kennt, wenn man dort mindestens 1 Jahr gewohnt hat. Die Hauptvorteile aber sind, daß der Preis zwar nicht niedriger ist als für mein bisheriges Zimmer aber gesicherter gegen Steigerungen und sonstige Übervorteilungen.

Bei Seiferts bleibt Kafka die nächsten zehn Wochen. Sein Tagesablauf gestaltet sich hier nicht anders als in den Wochen zuvor: Er steht zwischen sieben und acht Uhr auf, legt sich aber im Laufe des Vormittags oft wieder hin, nimmt dann – den Prager Gepflogenheiten folgend – gegen 11 Uhr ein »Gabelfrühstück«, später das Mittagessen, er liest, allein oder gemeinsam mit Dora, hebräische Texte, um seine Sprachkenntnis zu verbessern, bei gutem Wetter unternimmt er Spaziergänge in den Botanischen Garten oder einen der anderen nahegelegenen Parks. Sie

Das Haus in der Grunewaldstraße 13.

sind Schauplätze der Anekdoten, die später erzählt werden: Wie Kafka dort ein weinendes kleines Mädchen trifft, das seine Puppe verloren hat, dessen Welt in den nächsten Tagen dann rettet, indem er ihm Briefe der Puppe bringt, welche diese von ihrer Reise schreibt. Oder die Geschichte vom kleinen Jungen, dem er stillschweigend einen Ersatz für den davongeflogenen Luftballon kauft – ebenso wahr wie die vielzitierte Geschichte vom kleinen Mädchen und seiner Puppe oder genauso schön erfunden.

Nach Prag berichtet Kafka, daß er die Stadt nach Möglichkeit meide, womit er Zentren wie die Gegend um den Bahnhof Zoologischer Garten, den

Potsdamer Platz und den Alexanderplatz meint. Zum Geldtausch kommt er allerdings nicht umhin, in die Stadt zu fahren, meistens in die Friedrichstraße, manchmal verbunden mit den luxuriösen Freuden eines vegetarischen Mittagessens:

Nur um Dir eine Vorstellung von den Preisen zu geben: gerade an dem Telephongesprächstag aß ich zu Mittag in der Stadt, in einem vegetarischen Restaurant in der Friedrichstraße (ich esse sonst immer zu hause, seitdem ich hier bin, war es das zweite Gasthausessen) mit Dora. Wir hatten: Spinat mit Setzei und Kartoffeln (ausgezeichnet, mit guter Butter gemacht, an Menge allein schon sättigend) dann Gemüseschnitzel, dann Nudeln mit Apfelmus und Pflaumenkompot (davon gilt dasselbe wie vom Spinat) dann ein Pflaumenkompot extra, dann einen Tomatensalat und eine Semmel. Das ganze hat mit übermäßigem Trinkgeld etwa 8 K gekostet, das ist doch nicht schlimm. Vielleicht war es eine Ausnahme, von Zufällen des Kursstandes beeinflußt, die Teuerung ist wirklich sehr groß, abgesehen vom Essen irgendetwas sich zu kaufen, ist unmöglich, aber wie gesagt, Essen gibt es noch in Berlin, und recht gutes.
(An Max Brod, 26. Oktober 1923)

Abends gehen Kafka und Dora fast nie aus; die Berliner Theater locken zwar noch immer – Anfang November erwähnt er Strindbergs *Rausch* mit Fritz Kortner im Lessingtheater und Ibsens *Der Volksfeind* mit Eugen Klöpfer im Schillertheater –, aber die Karten sind teuer, für manche Vorstellungen auch nur schwer zu bekommen. Hinzu kommt, daß Kafka nicht weit im voraus planen kann, da solche Besuche von seiner wechselnden Befindlichkeit abhängen und von ihm zuträglichen Wetterbedingungen. Deshalb nimmt er auch schnell von der Idee Abschied, »in die kaum 1/2 Stunde entfernte berühmte Gärtnerschule in Dahlem« zu gehen; für praktische Gartenarbeit, wie er sie Jahre zuvor in Prag und in Turnau in seiner Freizeit zum Ausgleich zur Büroarbeit betrieben hat, ist er inzwischen ohnehin zu schwach und für den theoretischen Unterricht, wie er bekennt,

»zu unruhig«. Mit einiger Kontinuität besucht er aber zumindest über einige Wochen die Hochschule für die Wissenschaft des Judentums.

Die Hochschule für die Wissenschaft des Judentums, 1936.

Die Hochschule für die Wissenschaft des Judentums

Die 1872 eröffnete Hochschule war eine autonome, von keiner staatlichen oder religiösen Organisation abhängige jüdische akademische Institution. Als der wissenschaftlichen Forschung und Lehre gewidmete Lehranstalt wurde sie 1883 von der Stadt Berlin offiziell anerkannt. Im Jahre 1921 hatte die Hochschule 63 ordentliche Hörer und 45 Gasthörer. Viele von ihnen kamen aus Osteuropa und hatten dort jüdische Ausbildungsstätten besucht. Ihren deutsch-assimilierten Kommilitonen, die wie Kafka aus Interesse an ihrem jüdischen Erbe zur Hochschule kamen, hatten sie um einiges bessere Kenntnisse der hebräischen Sprache und der jüdischen Schriften voraus. Um diesen Vorsprung aufzuholen, mußten die aus assimilierten Familien stammenden Studenten in der Regel die sogenannte Präparandie der Hochschule besuchen. Hier wurden sie mit Quellentexten und Formen der Auslegung vertraut gemacht, wozu gute Hebräischkenntnisse Voraussetzung waren. Sowohl der Lehr- und Forschungsbetrieb als auch der Unterhalt des 1907 errichteten eigenen Gebäudes in der Artilleriestraße 14 wurde allein aus Mitteln von Spendern und Mäzenen finanziert. In der krisengeschüttelten, noch hektischeren Metropole war die Hochschule für Kafka neben seinem Vorortdomizil ein weiterer Zufluchtsort, den er bei gutem Wetter zeitweilig zweimal in der Woche aufsuchte:

Die Hochschule für jüdische Wissenschaft ist für mich ein Friedensort in dem wilden Berlin und in den wilden Gegenden des Innern. [...] Ein ganzes Haus, schöne Hörsäle, große Bibliothek, Frieden, gut geheizt, wenig Schüler und alles umsonst. Freilich bin ich kein ordentlicher Hörer bin nur in der Präparandie und dort nur bei einem Lehrer und bei diesem nur wenig, so daß sich schließlich alle Pracht wieder fast verflüchtigt, aber wenn ich auch kein Schüler bin, die Schule besteht und ist schön und ist im Grunde gar nicht schön, sondern eher merkwürdig bis zum Grotesken und darüber hinaus bis zum Unfaßbar Zarten (nämlich das Liberal-reformerische, das Wissenschaftliche des Ganzen).
(An Robert Klopstock, 19. Dezember 1923)

Kafka war im Kreis der Hörer eine durchaus auffallende Erscheinung. Der Komponist Josef Tal, Sohn eines an der Hochschule lehrenden Rabbiners, erinnert sich, daß sein Vater diesen besonderen Studenten einmal sogar zum Kaffee nach Hause eingeladen hat. Kafka sucht das Gespräch, gern in hebräischer Sprache, und versorgt sich in der Bibliothek mit hebräischer Lektüre. Von der galoppierenden Teuerung geplagt, ist der Besuch der Hochschule für ihn ein willkommenes kostenloses Vergnügen.

Die Hochschule für die Wissenschaft des Judentums existierte bis 1942. Nach 1989 wurde das Gebäude renoviert, unter der Adresse Tucholskystraße 9 ist es heute als ›Leo-Baeck-Haus‹ Sitz des Zentralrats der Juden in Deutschland.

Berlin tut nicht gut

Die allgemeine Teuerung schreitet fort, Kafka versagt sich inzwischen sogar den Kauf von Zeitungen, selbst die Sonntagszeitung habe er aufgegeben, schreibt er Max Brod, »von neuen Steuern erfährt man ja so wie so von der Hausfrau überrechtzeitig«. Berlin erlebt einen strengen Winter, Kafka kann es sich aber nicht leisten, beide gemieteten Zimmer zu heizen. Sein Gesundheitszustand verschlechtert sich weiter, er verläßt kaum noch das Haus, verbringt die meiste Zeit im Bett. Er hat immer wieder hohes Fieber, Schüttelfrost und Verdauungsbeschwerden. Am Weihnachtsabend muß Dora einen Arzt kommen lassen; außer dem Fieber vermag er nichts festzustellen. Er ordnet an, weiter das Bett zu hüten und abzuwarten. Der Hausbesuch kostet ein Vermögen, und Kafka macht sich mit dem Gedanken vertraut, »im Kampf mit den Berliner Preisen zu weichen«, nach Schelesen, an den Gardasee, ja sogar an Wien denkt er. Sein Vermieter möchte eines der beiden Zimmer zurückhaben, die Miete ist trotzdem unverhältnismäßig hoch, Kafka und Dora können nicht zahlen und geben ein Inserat auf – mit unerwartetem Erfolg:

Eben um 10 Uhr abends kommt wieder ein telephonisches Wohnungsangebot (es kommen Angebote in Mengen, ein Inserat, das Dora aufgegeben hat, ist auch zu verlockend »Älterer Herr sucht u.s.w.«) eine freundliche Stimme, geht auf alles ein, bittet um Besichtigung, Frau Dr Busse. Ich schlage im Telephonbuch nach, der Mann ist Schriftsteller. Soweit ich mich erinnern kann, kann er Juden gar nicht leiden. Entweder nimmt er mich also nicht oder er hält feurige Zangen für mich bereit. Soll ich hinziehn? *(An Elli Hermann, 26. oder 27. Januar 1924)*

Weder die wiederum sehr hohe Miete noch die Aussicht auf feurige Zangen halten Kafka davon ab, das Angebot anzunehmen. Seine Furcht erweist sich auch als unbegründet: Der Schriftsteller Carl Busse ist bereits 1918 gestorben, an der Spanischen Grippe, an der Kafka Ende 1918 ebenfalls erkrankt war. Am 1. Februar zieht er mit Dora nach Zehlendorf ins Haus der Witwe Busse in der Heidestraße 25/26. Die Heidestraße wurde später umbenannt – nicht nach Kafka, sondern nach dem in Zehlendorf bekannteren Carl Busse. Die Villa auf dem heutigen Grundstück Busseallee 7/9 steht nicht mehr.

Bei Frau Busse ist es nicht so still wie in der Grunewaldstraße, dafür gibt es einen Schaukelstuhl und die Aussicht, bei schönem Wetter auf der Veranda liegen zu können. Kafkas Zustand ist weiterhin schlecht. In der Hochschule für die Wissenschaft des Judentums ist er seit Wochen nicht mehr gewesen. Er empfängt Besucher, ist aber zu schwach, selbst Einladungen zu folgen. Der Rezitator Ludwig Hardt tritt am 3. Februar wieder mit Texten von Kafka im Meistersaal auf, Dora Diamant muß allein hingehen. Hardt, der Kafka in den Tagen darauf besucht, versucht ihn zu einer gemeinsamen Italienreise zu überreden. Rudolf Kayser, der Herausgeber der *Neuen Rundschau*, besucht Kafka Mitte Februar in der verschneiten Heidestraße; anschließend berichtet er Max Brod, er habe Kafka sehr lebendig und außerhalb des Bettes angetroffen. Entgegen diesem Eindruck ist aber Kafkas Gesundheitszustand offenbar so schlecht, daß sein Onkel, der Arzt Siegfried Löwy, der am 21. Februar zu Besuch kommt, seinen

Die Villa Busse, Heidestraße 25/26.

Neffen dazu drängt, Berlin so schnell wie möglich zu verlassen und sich einer Kurbehandlung zu unterziehen. Widerstrebend beginnt Kafka, sich mit dem Gedanken daran vertraut zu machen. Er leidet nun regelmäßig abends und nachts an Fieber, die Situation in Berlin wird unhaltbar.

Es muß in diesen Tagen gewesen sein, daß Dora Diamant sich nochmals hilfesuchend an einen Arzt wandte, Dr. Ludwig Nelken, den sie in Breslau kennengelernt hatte und der inzwischen in Berlin am Jüdischen Krankenhaus als Assistenzarzt arbeitete. Auch Nelken traf Kafka außerhalb des Bettes an, berichtet aber, er sei »in einem fürchterlichen Zustand« gewesen. »Alles was ich zu jener Zeit tun konnte, war, etwas zur Linderung des Hustens und anderer Symptome zu verschreiben.« Immerhin blieben Kafka diesmal hohe Auslagen erspart, da sich Nelken weigerte, eine Rechnung zu stellen.

Am 7. März schließt Kafka noch einen Vertrag mit dem Verlag Die Schmiede über einen Novellenband ab, der später den Titel *Ein Hungerkünstler* erhalten wird. Zu diesem Zeitpunkt hofft er vermutlich noch, nach einer erfolgreichen Kur und unter besseren allgemeinen Bedingungen nach Berlin zurückkehren und die Zusammenarbeit mit seinen neuen Verlegern fortsetzen zu können. Zunächst aber gilt es, den Abschied von der Stadt vorzubereiten. Er bittet Max Brod um Hilfe, Brod kommt am 14. März nach Berlin, am 17. März verabschiedet sich Dora Diamant auf dem Anhalter Bahnhof von Kafka, der von Brod begleitet nach Prag zurückkehrt. »Berlin tut mir von allen Seiten gut«, hatte er 1914 voller Überzeugung geschrieben. In Winterkleidung wiegt Kafka nur noch 49 Kilogramm. Diesmal hat Berlin ihm nicht gutgetan.

Epilog

Kafka bleibt drei Wochen bei seinen Eltern in Prag, weil sich die Suche nach einer geeigneten Klinik hinzieht. Dann reist er ins Sanatorium Wienerwald bei Ortmann in Niederösterreich, wo er wieder mit Dora Diamant zusammentrifft. Die Behandlung in dem entlegenen Sanatorium erweist sich als zu kostspielig und wenig aussichtsreich. Kafka läßt sich vom 10. bis zum 19. April 1924 in der Laryngologischen Klinik des Wiener Allgemeinen Krankenhauses behandeln, einer führenden Fachklinik für Lungenkrankheiten. Die Klinik behagt ihm nicht, sein altes Mißtrauen gegen Ärzte und die Furcht vor den Kosten veranlassen ihn zum Umzug in das Privatsanatorium Dr. Hoffmann in Kierling bei Klosterneuburg. Dort verbringt Kafka seine letzten Lebenswochen, hingebungsvoll betreut von Dora. Er stirbt am 3. Juni 1924, einen Monat vor seinem 41. Geburtstag.

Berlin und die ›Berliner‹ Frauen – beiden Liebesgeschichten Kafkas ist kein glückliches Ende beschieden, und beide sind miteinander verwoben. Als er endlich nach Berlin kommt, erweist sich das Leben in der Stadt als zu hart für ihn. Auf die Beziehung mit Felice Bauer wirkt der Krieg ein, der ihn von Berlin fernhält, das Zusammenleben mit Dora Diamant in Berlin steht im Schatten der Wirtschaftskrise; im ersten Fall setzt die Krankheit ein dramatisches Zeichen für ein selbstgewähltes Ende, im zweiten Fall setzt der Tod einen Endpunkt. Weder konnte Kafka die Stadt für sich erobern noch war ihm eine dauerhafte glückliche Beziehung vergönnt. Als Max Brod ihm Ende 1920 von der zweiten Schwangerschaft Felices berichtet, antwortet er: »Ich habe für Felice die Liebe eines unglücklichen Feldherrn zu der Stadt die er nicht erobern konnte, die aber ›trotzdem‹ etwas Großes – glückliche Mutter zweier Kinder – geworden ist.« Und Dora?

Kafkas Heiratsantrag bei ihrem Vater scheiterte am Einspruch eines Rabbiners. Und doch wird in ihrem Leben – wie im Leben von Felice Marasse – Kafka bis zum Ende eine Rolle spielen. Nach seinem Tod lebt sie eine Weile bei seiner Familie in Prag. Dann macht sie eine Schauspielausbildung, tritt in Düsseldorf und Berlin auf, lernt Ludwig Lask, den Sohn der Dramatikerin Berta Lask kennen. Sie heiratet den führenden Berliner Kommunisten, bekommt eine Tochter, folgt in der Nazizeit ihrem Mann in die Sowjetunion, geht später mit ihrer Tochter nach England. Mit Max Brod, Robert Klopstock und Kafkas Familie bleibt sie bis zum Schluß in Verbindung. Sie stirbt 1951 in London.

Und Berlin? Parallel zur entwerteten Papiermark wird im November 1923 die Rentenmark im Kurs von 1 zu 1 Billion als Parallelwährung ausgegeben. Damit beginnt eine langsame Konsolidierung, die sich mit der Einführung der Reichsmark im August 1924 fortsetzt. Zwei Jahre später kann ein aufmerksamer Zeitgenosse, der aus Graz stammende Schriftsteller Hermann Kienzl, feststellen:

Wer zur Inflationszeit Berlin besuchte und es heute wiedersieht, muß die Wandlung bewundernd anerkennen. Die Straße ist wieder manierlich geworden, reingefegt und hell beleuchtet, die Schilder der Kaufläden tragen wieder ihre goldenen Buchstaben – Jahrelang hatte man die verstümmelten Namen der Firmen nicht ergänzt! – und ein Riesenstrom von Fußgängern und Automobilen braust zwischen den zum großen Teile wiederhergestellten Häuserfassaden. Noch nistet im Verborgenen viel weltstädtisches Elend;

aber der Kurs ist aufwärts gerichtet! Der wackere Bürgersinn hat die Stadt, die verloren schien, nicht fallen lassen. Er hat den in der Welt berühmten Arbeitsfleiß der Berliner verdoppelt. Er hat Deutschlands Hauptstadt gerettet. Ohne fremde Hilfe, nur aus der eigenen Tüchtigkeit. *(Julius Bab und Willy Handl, Wien und Berlin, 1926)*

Die Berliner Tüchtigkeit – wie hätte sie Kafka gefreut. Aber eine weitere, dann weltweite Wirtschaftskrise war nicht fern, und ein anderer Bürger der ehemaligen Habsburger Monarchie, der nach seinem gescheiterten Putsch 1924 noch in Festungshaft saß und einen ganz anderen Traum von Berlin träumte, warf schon längst seinen Schatten auf die Stadt.

Auswahlbibliographie

Ammann, Jürg: Robert Walser. *Eine literarische Biographie in Texten und Bildern.* Zürich 1995.
Bab, Julius, u. Willy Handl: Wien und Berlin. *Vergleichende Kulturgeschichte der beiden deutschen Hauptstädte.* Berlin 1926.
Berlin und die Berliner. Leute, Dinge, Sitten, Winke. Karlsruhe 1905.
Berlin und Umgebung. Praktischer Reiseführer. Griebens Reiseführer, Band 6, 58. Auflage. Berlin 1914/15.
Geisel, Eike: *Im Scheunenviertel.* Berlin 1995.
Haas, Willy: *Die literarische Welt.* Erinnerungen. München 1960.
Hessel, Franz: *Spazieren in Berlin.* Berlin 1979.
Fiedler, Leonhard M.: *Max Reinhardt in Selbstzeugnissen und Bilddokumenten.* rowohlts monographien. Reinbek 1975.
Das Jüdische Volksheim Berlin. Erster Bericht, Mai/Dezember 1916. Berlin 1917 (auch abgedruckt in: *Das Jüdische Echo*, Nr. 29, 20.7. 1917, S. 318–322).
Kafka, Franz: *Briefe. Band 1: 1900-1912*, Band 2: 1913-1914, Band 3: 1914-1917. Frankfurt am Main 1999ff.
Kafka, Franz: *Briefe 1902-1924*. Hrsg. von Max Brod. Frankfurt am Main 1958.
Kafka, Franz: *Tagebücher.* Band 1: 1909-1912, Band 2: 1912-1914, Band 3: 1914-1923. Nach der Kritischen Ausgabe hrsg. von Hans-Gerd Koch. Frankfurt am Main 1994.
Kisch, Egon Erwin: Briefe an den Bruder Paul und an die Mutter. Berlin 1978.
Koch, Hans-Gerd (Hrsg.): *»Als Kafka mir entgegenkam ...«.* Erinnerungen an Franz Kafka. Erweiterte Neuausgabe, Berlin 2005.
Kokoschka, Oskar: *Mein Leben.* München 1978.
Korff, Gottfried, u. Reinhard Rürup (Hrsg.): *Berlin, Berlin. Die Ausstellung zur Geschichte der Stadt.* Katalog, Berlin 1987.
Ostwald, Hans: Sittengeschichte der Inflation. Berlin 1931.
Pasley, Malcolm (Hrsg.): *Max Brod – Franz Kafka: eine Freundschaft.* Band 2, Briefwechsel. Frankfurt am Main 1989.
Simmel, Georg: *Die Großstädte und das Geistesleben.* Frankfurt am Main 2006.
Sprengel, Peter: *Scheunenviertel-Theater.* Berlin 1995.
Tucholsky, Kurt: *Gesammelte Werke*, Band 1: 1907-1924. Reinbek bei Hamburg 1960.
Walser, Robert: *Berlin gibt immer den Ton an. Kleine Prosa aus und über Berlin.* Hrsg. von Jochen Greven. Frankfurt am Main 2006.
Woerl, Leo (Hrsg.): *Führer durch Berlin und Umgebung.* XI. Auflage, Leipzig 1904.

Abbildungsnachweise

ullstein bild: 15, 17, 23, 27, 39, 42, 44/45, 51
Sammlung Prof. Dr. Sabine Giesbrecht, Universität Osnabrück: 19
Theaterarchiv Akademie der Künste Berlin: 34
Archiv S. Fischer Verlag: 41
Archiv Klaus Wagenbach: 55, 95, 120, 125, 133
Hotel Askanischer Hof: 61
Stadtmuseum Berlin: 87, 88/89
Ruth Lask Kessintini: 115
Bildarchiv Preußischer Kulturbesitz: 128

Hans-Gerd Koch, 1954 geboren, ist Literatur- und Editionswissenschaftler. Seit 1982 betreut er die Kritische Kafka-Ausgabe; er ist unter anderem Herausgeber der Briefbände dieser Edition sowie der Taschenbuchausgabe *Gesammelte Werke in zwölf Bänden*. Bei Wagenbach erschienen von ihm *Als Kafka mir entgegenkam … – Erinnerungen an Franz Kafka, Brief an den Vater* und die *Kafka-Chronik*.

Franz Kafka im Verlag Klaus Wagenbach

Klaus Wagenbach
Franz Kafka. Bilder aus seinem Leben

Zum 125. Geburtstag Kafkas erscheint endlich eine Neuausgabe der Standard-Bildmonographie von Klaus Wagenbach, der wiederum sein in über fünf Jahrzehnten entstandenes riesiges Bildarchiv (mit über 1.000 Photos) geöffnet hat. So lernen wir durch neu aufgefundene Photos nicht nur die Tänzerin Eduardowa, die Schauspielerin Tschissik oder die Salondame Fanta kennen, sondern auch Kafkas Professoren Anton Marty und Hans Gross, seinen Vorgesetzten Dr. Robert Marschner und seine Großmutter Julie.
»Der beste Bildband über Kafka.« DIE ZEIT

Veränderte und erweiterte Ausgabe mit vielen neuen Photographien und Dokumenten
Leinen. Fadenheftung. 256 Seiten mit ca. 700 Abbildungen. Duotone

Klaus Wagenbach
Franz Kafka. Biographie seiner Jugend

Klaus Wagenbach liest wenige Jahre nach dem Ende des Zweiten Weltkriegs den Roman eines deutschsprachigen Autors: Franz Kafka. Er geht dessen Lebensspuren nach, sucht nach Verwandten und Freunden des Autors. Die erste Biographie des Prager Autors nach Max Brod entsteht. Fast fünfzig Jahre später hat Wagenbach seine Arbeit kritisch überprüft, ihr neue Dokumente beigefügt und sie auf den neuesten Forschungsstand gebracht. Die klassische Biographie über den jungen Kafka – immer wieder zitierte Quelle aller nachfolgenden biographischen Arbeiten.

»Die bestmögliche Biographie des jungen Kafka.«
                                                    Literaturen

Gebunden mit Schutzumschlag
384 Seiten mit vielen Abbildungen

Klaus Wagenbach
Kafkas Prag   Ein Reiselesebuch

Franz Kafka hat seine Heimatstadt Prag nur selten verlassen und war zudem ein notorischer »Herumtreiber« auf ihren Plätzen und Straßen. Ein Nach-Gang. Stadtpläne erläutern die Orte und Wege, zeitgenössische Photos zeigen den früheren Zustand.

»Ein wunderschönes Buch. Noch nie wurden die Bilder so kenntnisreich präsentiert und so liebevoll kommentiert.«   Frankfurter Allgemeine Zeitung

Herausgegeben und mit einem Nachwort von Klaus Wagenbach
SVLTO. Rotes Leinen. Fadengeheftet. 88 Seiten mit vielen Abbildungen
Das Hörbuch ist im D›A‹V erschienen.

Franz Kafka
Ein Landarzt   Kleine Erzählungen

Ein Landarzt ist Kafkas schönster und umfangreichster Erzählband. 1920 erschienen, blieb er ohne jedes Echo, was heute unbegreiflich erscheint, denn viele dieser vierzehn Erzählungen – von *Vor dem Gesetz* bis zum *Bericht für eine Akademie* – begründeten Kafkas Weltruhm.

In der Fassung der Erstausgabe. Mit einem Bericht über die einzelnen Erzählungen und ihre Quellen.
Herausgegeben und mit einem Nachwort von Klaus Wagenbach
SVLTO. Rotes Leinen. Fadengeheftet. 88 Seiten mit Abbildungen

»Als Kafka mir entgegenkam ...«
Erinnerungen an Franz Kafka

Freunde, Verwandte und Bekannte erinnern sich an Kafka. Manchmal überraschend, manchmal widersprüchlich, ergibt sich aus dem Chor der Stimmen ein farbiges Bild.

Herausgegeben von Hans-Gerd Koch
WAT 528. 240 Seiten mit vielen Abbildungen

Franz Kafka. Eine Chronik

Die erste vollständige, zuverlässige Chronik zu Leben und Werk Kafkas, aus dem Zentrum der Kafka-Forschung. Jahr für Jahr, Monat für Monat, Tag für Tag können wir hier einen Lebenslauf nachlesen (oder nachschlagen), der, exemplarisch in seinem Zögern zwischen Leben und Schreiben, am Beginn der Moderne steht.

Zusammengestellt von Roger Hermes, Waltraud John, Hans-Gerd Koch und Anita Widera. WAT 338. 224 Seiten

Franz Kafka Brief an den Vater
Mit einem unbekannten Bericht über Kafkas Vater als Lehrherr und anderen Materialien

Kafkas Brief an den Vater hat unser Bild von Hermann Kafka geprägt. Die neu aufgefundenen Erinnerungen des Lehrjungen František Bašík an seine Jahre in der Galanteriewarenhandlung der Kafkas vermitteln allerdings überraschend andere Eindrücke.

»Ein Glücksfall nicht nur für Kafka-Fans.«
    Katharina Rutschky, Frankfurter Rundschau

Herausgegeben von Hans-Gerd Koch. Mit einem Nachwort von Alena Wagnerová. Gebunden. 160 Seiten mit vielen Abbildungen

Anthony Northey
Kafkas Mischpoche

Franz Kafkas Verwandte und ihre Karrieren: Die Weitgereisten und Zuhausegebliebenen, die Kapitalisten, Nationalisten oder Assimilierten – und ihre Spuren im Werk.

»Die erstmalige gründliche Erforschung jenes familiären Spinnennetzes, dem Kafka zu entrinnen suchte.«
    Werner Fuld, Frankfurter Allgemeine Zeitung

Kleine Kulturwissenschaftliche Bibliothek. Englische Broschur
96 Seiten mit vielen Photographien

Kafka in Berlin von Hans-Gerd Koch erschien
im April 2008 als 153. *SVLTO.*

© 2008 Verlag Klaus Wagenbach,
Emser Straße 40/41, 10719 Berlin
Umschlaggestaltung: Julie August unter Verwendung
einer Fotografie des Potsdamer Platzes in Berlin von
Friedrich Seidenstücker, bpk Berlin.
Gesetzt aus der Franklin.
Vorsatzpapier von Schabert, Strullendorf
Gedruckt auf chlor- und säurefreien Papier (Schleipen)
und gebunden bei Kösel, Krugzell.
Printed in Germany. Alle Rechte vorbehalten.

ISBN: 978 3 8031 1252 1

Franz Kafka. Eine Chronik

Die erste vollständige, zuverlässige Chronik zu Leben und Werk Kafkas, aus dem Zentrum der Kafka-Forschung. Jahr für Jahr, Monat für Monat, Tag für Tag können wir hier einen Lebenslauf nachlesen (oder nachschlagen), der, exemplarisch in seinem Zögern zwischen Leben und Schreiben, am Beginn der Moderne steht.

Zusammengestellt von Roger Hermes, Waltraud John, Hans-Gerd Koch und Anita Widera. WAT 338. 224 Seiten

Franz Kafka Brief an den Vater
Mit einem unbekannten Bericht über Kafkas Vater als Lehrherr und anderen Materialien

Kafkas Brief an den Vater hat unser Bild von Hermann Kafka geprägt. Die neu aufgefundenen Erinnerungen des Lehrjungen František Bašík an seine Jahre in der Galanteriewarenhandlung der Kafkas vermitteln allerdings überraschend andere Eindrücke.

»Ein Glücksfall nicht nur für Kafka-Fans.«
  Katharina Rutschky, Frankfurter Rundschau

Herausgegeben von Hans-Gerd Koch. Mit einem Nachwort von Alena Wagnerová. Gebunden. 160 Seiten mit vielen Abbildungen

Anthony Northey
Kafkas Mischpoche

Franz Kafkas Verwandte und ihre Karrieren: Die Weitgereisten und Zuhausegebliebenen, die Kapitalisten, Nationalisten oder Assimilierten – und ihre Spuren im Werk.

»Die erstmalige gründliche Erforschung jenes familiären Spinnennetzes, dem Kafka zu entrinnen suchte.«
  Werner Fuld, Frankfurter Allgemeine Zeitung

Kleine Kulturwissenschaftliche Bibliothek. Englische Broschur
96 Seiten mit vielen Photographien

Kafka in Berlin von Hans-Gerd Koch erschien
im April 2008 als 153. *SVLTO.*

© 2008 Verlag Klaus Wagenbach,
Emser Straße 40/41, 10719 Berlin
Umschlaggestaltung: Julie August unter Verwendung
einer Fotografie des Potsdamer Platzes in Berlin von
Friedrich Seidenstücker, bpk Berlin.
Gesetzt aus der Franklin.
Vorsatzpapier von Schabert, Strullendorf
Gedruckt auf chlor- und säurefreien Papier (Schleipen)
und gebunden bei Kösel, Krugzell.
Printed in Germany. Alle Rechte vorbehalten.

ISBN: 978 3 8031 1252 1